LA MACHINE
DE TURING

ALAN TURING
JEAN-YVES GIRARD

LA MACHINE
DE TURING

TRADUCTIONS DE L'ANGLAIS
PAR JULIEN BASCH ET PATRICE BLANCHARD

OUVRAGE PUBLIÉ AVEC LE CONCOURS
DU CENTRE NATIONAL DU LIVRE

ÉDITIONS DU SEUIL
27, rue Jacob, Paris VIe

Cet ouvrage a été édité
sous la direction de Thierry Marchaisse

Ce livre comprend, traduits de l'anglais, deux articles d'Alan Turing : « On Computable Numbers » et « Computing Machinery and Intelligence », précédés chacun d'une introduction inédite de Jean-Yves Girard

ISBN 2-02-013571-X

© original : 1991, The London Mathematical Society,
pour les deux articles de Turing

© Champ-Vallon, pour la traduction française
de « Computing Machinery and Intelligence »

© Mai 1995, Éditions du Seuil, pour la traduction française
de « On Computable Numbers », les textes de Jean-Yves Girard
et la composition du volume

Le Code de la propriété intellectuelle interdit les copies ou reproductions destinées à une utilisation collective. Toute représentation ou reproduction intégrale ou partielle faite par quelque procédé que ce soit, sans le consentement de l'auteur ou de ses ayants cause, est illicite et constitue une contrefaçon sanctionnée par les articles L.335-2 et suivants du Code de la propriété intellectuelle.

Sources
du savoir

Le principe de cette collection est simple : remettre en circulation – présentés, expliqués et réinterprétés à la lumière des recherches actuelles – les textes fondamentaux, sources du savoir.

L'histoire des sciences est scandée par des textes, dont les plus importants sont faciles à identifier : ce sont ceux que traverse le scandale de l'inconnu, ou la nouveauté d'un questionnement.

Ces textes célèbres et dont les ressources scientifiques, philosophiques, voire esthétiques, restent inépuisables sont, pour beaucoup, introuvables.

Les rendre accessibles est le meilleur moyen de démontrer que la science, pour peu qu'elle ne se réduise pas à une affaire de spécialistes, ne cesse jamais de penser.

Jean-Marc Lévy-Leblond   Thierry Marchaisse

Les éditeurs remercient tout particulièrement Julien Basch pour son remarquable travail de traduction et de clarification du texte source qui est au centre de ce volume (Turing, 1936), ainsi que Marie Anglade pour la correction et la mise au point de l'ensemble.

Alan Turing. Photo : DR.

Avant-propos

Les deux textes de Turing traduits ici* anticipent de beaucoup la « révolution informatique » de notre fin de siècle ; le premier nous parle d'une machine – abstraite, mais machine quand même –, le second introduit avec trente ans d'avance le sujet controversé de l'intelligence artificielle ; entre les deux, bien sûr, étaient nés les calculateurs électroniques... Turing était logicien ; comme l'était aussi – mais lui à temps partiel – cet autre précurseur de l'informatique, le protéiforme von Neumann. Juste retour des choses, l'informatique donne depuis quelques années à la logique son premier véritable domaine d'applications... ce qui implique une restructuration complète – mais non sans à-coups – de la vieille discipline.

Notre commentaire ne peut que respecter cette dichotomie : le premier texte appelle quelques éclaircissements techniques et surtout un positionnement par rapport à l'ombre immense de Gödel. Par contre, le problème de la machine pensante qui fait l'objet du second texte ne demande guère de clefs de lecture ; on tentera là de mesurer la vision de Turing à l'aune des réalités (et des visions) de notre fin de siècle.

J.-Y. Girard

---

* « On Computable Numbers, with an Application to the *Entscheidungsproblem* » est paru originellement dans les *Proceedings of the Mathematical Society*, série 2, vol. 42 (1936-1937), p. 230-265 ; les corrections introduites par Turing se trouvent dans le volume 43 de la même série (1937), p. 544-546. « Computing Machinery and Intelligence » est paru originellement dans la revue *Mind*, vol. LXI, n° 236 (1950).

1
La machine de Turing : de la calculabilité à la complexité

Jean-Yves Girard

1. Sous le signe de Gödel

La théorie des fonctions calculables naît au temps des théorèmes de complétude et d'incomplétude, soit au début des années 30. Pendant quelques années va se dérouler un processus contradictoire, auquel participent Gödel, Herbrand, Kleene, Rosser, Church, Curry, etc. ; de nombreuses définitions concurrentes sont proposées, mais elles se révèlent équivalentes. C'est en 1936 que Church posera l'équation *calculable = récursif* ; jusque-là, il faut bien dire qu'on a surtout affaire à un travail de consolidation, de mise en perspective du théorème d'incomplétude de Gödel[1]. Quand Turing introduit en 1936 ce qu'on appelle depuis les *machines de Turing*, la théorie de la récursivité est suffisamment affermie pour qu'on ne puisse pas *a priori* en attendre autre chose qu'une nouvelle confirmation de la *thèse de Church*. Dans cette optique, le travail de Turing tient sa place, sans plus ; ce n'est qu'avec un bien tardif retour de la logique sur ses pas – qui suppose une certaine prise de distance par rapport à l'univers façonné par Gödel – qu'il acquiert sa véritable dimension : l'amorce de la mutation de la théorie de la calculabilité en théorie des calculs.

---

1. Le théorème de Gödel a dominé la logique pendant cinquante ans ; il n'est donc pas étonnant que les travaux des années 30 soient en grande partie des reformulations plus ou moins conscientes de ce résultat climatérique.

La machine de Turing

1. Calculer sans machine

On peut résoudre tous les problèmes : voilà un résumé sommaire du scientisme fin de siècle incarné par Hilbert. Parmi ces problèmes, il en est de fondamentaux, comme d'étayer une fois pour toutes les bases du raisonnement par des démonstrations de *cohérence*, ce qui mène au programme de Hilbert, réfuté par le théorème de Gödel. Il en est de plus traditionnels, comme de trouver une solution générale à une classe de problèmes : ainsi, le problème de la *décision des équations diophantiennes* (dit dixième problème de Hilbert) n'est rien d'autre que le problème de trouver un algorithme résolvant un certain type d'équations[2]. En général, on cherche à *décider* les solutions à réponse oui/non (décider un problème, une propriété, un prédicat) et plus généralement à *calculer* toutes sortes de fonctions : dans les deux cas on est amené à préciser ce qu'on entend derrière les expressions synonymes *algorithme, calcul, procédé mécanique*.

Dans ce contexte scientifique dont nous avons souligné par ailleurs[3] le mécanisme et le réductionnisme, la *calculabilité* (idée abstraite d'algorithme) intervient avant tout comme une fiction de logicien. De la même façon que le déterminisme mécaniste prétend que la connaissance de toutes les coordonnées avec une précision infinie permettrait de prévoir le prochain tirage du Loto, tout en admettant par ailleurs que les données initiales ne peuvent vraiment être rassemblées, Hilbert cherche systématiquement des algorithmes universels, sans pour autant avoir en tête une *machine* concrète, physique.

---

2. Par « équation diophantienne », on entend une équation $P[n_1, ..., n_k] = 0$, où P est un polynôme à coefficients entiers (positifs ou négatifs) et dont on cherche des solutions, entières elles aussi. Le dixième problème de Hilbert dans la fameuse liste de 1900 est précisément de résoudre en général ce type d'équations : la partie la plus difficile de cette résolution est bien sûr l'existence ou non de solutions.

3. J.-Y. Girard, « Le champ du signe », postface au *Théorème de Gödel*, Paris, Éd. du Seuil, coll. « Sources du savoir », 1989.

De la calculabilité à la complexité

La notion – toute abstraite – de calculabilité joue un rôle important dans la technique du théorème de Gödel, et c'est pour cela que les années qui suivent 1931 sont avant tout occupées à en délimiter les contours. Mais on ne joue avec l'idée *abstraite* de mécanisme que pour des raisons idéologiques, et même la contribution de Turing, à l'époque de très loin la plus concrète, reste avant tout une *machine de papier*.

2. Les fonctions récursives

Fonctions *calculables*, propriétés *décidables*, voilà la notion vague qu'il a bien fallu mathématiser. D'abord, fonctions de quoi dans quoi ? et propriétés de quels objets ? On peut calculer sur des domaines *discrets*, comme les entiers naturels ou les *booléens* (valeurs de vérité V et F), mais aussi sur du *continu*, typiquement les nombres réels. Mais un nombre réel ne se calcule pas « jusqu'au bout », on n'en donne jamais que des approximations au moyen de nombres rationnels p/q (où p et q sont des entiers relatifs)[4], et un entier relatif c'est un entier naturel affublé d'un signe $+$ ou $-$; de même un booléen V ou F cela peut s'écrire 1 ou 0. On voit que, *modulo* des réductions successives, on en arrive vite à tout *coder* par des entiers naturels. Le domaine privilégié du calcul, du moins pour les logiciens des années 30, c'est donc l'ensemble $\mathbb{N}$ de ces entiers. Ces entiers peuvent être engendrés à partir de 0 au

---

[4]. Il ne faut pas prendre au pied de la lettre l'affirmation de Turing selon laquelle calculer un réel, c'est déterminer ses décimales : il se peut en effet qu'on puisse en calculer des approximations décimales arbitrairement précises, sans pour autant être à même d'écrire sa première décimale. Par exemple, si on sait que r est égal à 1 à 10^{-5} près, cela nous donne deux possibilités quant aux premières décimales de r : soit 1,000 00, soit 0,999 99, et il n'est pas possible de déterminer la partie entière de r tant qu'on n'arrive pas à le « séparer » de 1 au moyen d'une approximation plus fine (du genre r égal à 1,000 002 à 10^{-6} près, ce qui détermine les cinq premières décimales). Les nombres réels dont on peut calculer les décimales sont exactement les nombres réels qui ne sont pas décimaux.

La machine de Turing

moyen de l'opération *S* de successeur qui ajoute 1 : ainsi, 3 devient *SSS*0, 7 devient *SSSSSSS*0, ce qui n'est rien d'autre qu'une régression au stade le plus primitif de la numération, les bâtons. Cette réduction est bien expéditive, et on remarquera que les calculs d'entiers se font concrètement en numération décimale (ou binaire), bien plus efficace ; mais les logiciens des années 30 n'en ont cure, car leur domaine d'intérêt n'est pas de ce monde : il s'agit avant tout d'explorer des limites, ici celles du calculable.

Une fonction se calcule typiquement au moyen d'équations ; essayons :

$$x + 0 = x$$
$$x + (Sy) = S(x + y).$$

En appliquant ces équations (et les principes bien connus qui régissent l'égalité), on peut calculer une somme, par exemple $SS0 + SSS0 = SSSSS0$, ce qui veut dire $2 + 3 = 5$. On peut aussi réutiliser la fonction + que nous venons de créer pour en définir une autre :

$$x \cdot 0 = ,0$$
$$x \cdot Sy = (x \cdot y) + x,$$

et on peut vérifier que la fonction ainsi définie permet bien de calculer le produit d'entiers, par exemple que : $SSS0 \cdot SSS0 = SSSSSSSSS0$, soit $3 \cdot 3 = 9$.

On arrive ainsi à la notion de *fonction récursive*. Une fonction récursive, c'est fondamentalement ce qui se peut définir par un système d'équations. Le mot « récursif » signale le fait que la fonction définie peut apparaître dans les deux membres des équations : dans $x + Sy = S(x + y)$, on définit une somme en fonction d'une autre somme ; c'est cette « autoréférence » qui est appelée *récursivité*. Voilà la réponse que les logiciens ont proposée pour définir les fonctions calculables. Et *quid*

De la calculabilité à la complexité

des propriétés décidables ? C'est très simple, on se ramène aux fonctions, en remplaçant les valeurs de vérité V et F par 1 et 0 : le prédicat $P[n]$ est *récursif* quand sa fonction caractéristique χ_P définie par :

$$\chi_P(n) = 1 \text{ si } P[n] \text{ est vrai,}$$
$$\chi_P(n) = 0 \text{ si } P[n] \text{ est faux}$$

est récursive.

La notion de fonction récursive ne se laisse pas bien manipuler ; en d'autres termes, elle n'a pas de vie sociale : si j'essaie de combiner entre elles des définitions de fonctions récursives, par exemple au moyen de nouvelles équations, je peux très bien arriver à des calculs qui ne se terminent pas. Par exemple, si je définis $f(x) = Sf(x)$, mon calcul va s'enliser dans une boucle infinie $f(0) = Sf(0) = SSf(0) = \ldots = SSSS\ldots Sf(0) = \ldots$ Si on décide de réserver le mot « concept » à une notion qui aurait, elle, une vie sociale, on a tout de suite cruellement besoin d'un *concept* généralisant la notion trop étriquée de fonction récursive. Ce concept, c'est celui de fonction récursive *partielle* : il s'agit des fonctions définies aussi par des systèmes d'équations, mais pour lesquels le calcul peut *diverger*, c'est-à-dire ne pas donner de réponse. Le *domaine* d'une telle fonction est en fait un sous-ensemble de $\mathbb{N}$, précisément l'ensemble des entiers pour lesquels les équations donnent une valeur. Les fonctions récursives tout court apparaissent alors comme les fonctions récursives partielles *totales*, c'est-à-dire dont le domaine de définition est $\mathbb{N}$ tout entier. Une notation utile $t \approx u$ veut dire soit que les deux expressions t et u sont définies (leur calcul converge) et égales, soit qu'elles sont toutes deux non définies (leur calcul diverge).

Cette modification en appelle une autre au niveau des prédicats : P est dit *semi-récursif* (ou *vérifiable* ; voir n. 3 p. 14) si la fonction partielle

$$\zeta_P(n) \approx 1 \text{ quand } P[n] \text{ est vrai}$$

La machine de Turing

(moitié supérieure de χ_P) est récursive partielle. On peut aussi définir les prédicats *co-semi-récursifs* (ou *réfutables*) par la récursivité partielle de la moitié inférieure de χ_P :

$\theta_P(n) \approx 0$ quand $P[n]$ est faux.

De manière évidente, les deux formes de semi-récursivité sont interchangées par négation (ou, ce qui revient au même puisque le prédicat P peut s'identifier à l'ensemble des n tels que $P[n]$ est vrai, par passage au complémentaire ensembliste).

Il est presque immédiat qu'un prédicat est récursif si et seulement s'il est semi-récursif et co-semi-récursif. Il est encore plus immédiat que les prédicats semi-récursifs sont exactement les domaines de définition de fonctions récursives partielles.

3. Calculer, c'est prouver

Nous sommes resté volontairement vague quant à la définition précise de ce qu'est un système d'équations, quant à la manière de combiner des équations ; cela bien sûr par haine des définitions pédantes, mais aussi parce qu'une autre notion, bien plus générale, va s'offrir à nous. Fixons un système formel d'arithmétique T (typiquement, n'importe quel système auquel s'applique le théorème de Gödel, par exemple l'arithmétique de Peano). On demande que T soit non contradictoire (et rappelons-nous que la non-contradiction ne se vérifie pas comme le pouls d'un patient : c'est une notion non décidable, du genre « réfutable »). Pourquoi donc ne pas écrire les équations de définition des fonctions récursives partielles dans T ? En fait (et ce résultat nous vient fondamentalement de Gödel), on peut associer à toute fonction récursive partielle f – à partir d'un système d'équations qui la définit – une formule $A[x, y]$ telle que $f(m) \approx n$ si et seulement si la formule qui exprime que $A[m, y]$ est vrai exactement quand $y = n$

De la calculabilité à la complexité

– soit $\forall y\ (A[m, y] \leftrightarrow y = n)$ – est formellement démontrable dans T.

Il en résulte immédiatement que, si P est un prédicat semi-récursif, on peut trouver une formule $A[x]$ telle que :

$P[n]$ est vrai exactement quand $A[n]$ est démontrable dans T.

De même, si P est co-semi-récursif, on peut trouver une formule $B[x]$ telle que :

$P[n]$ est faux exactement quand $\neg B[n]$
(la négation de $B[n]$) est démontrable dans T.

Enfin, si P est récursif, on peut trouver $A[x]$ telle que $A[n]$ est démontrable dans T quand $P[n]$ est vrai, $\neg A[n]$ est démontrable dans T quand $P[n]$ est faux.

Tout ceci nous permet de prendre une distance olympienne par rapport au contenu technique précis des notions de récursivité, de semi-récursivité... On peut en effet considérer la classe – *a priori* bien plus générale – des fonctions partielles obtenues à partir d'une formule $A[x, y]$ quelconque à deux paramètres au moyen de la définition :

$$f(m) \approx n \text{ si et seulement si}$$
$$\forall x\ (A[m, y] \leftrightarrow y = n)$$
$$\text{est démontrable dans } T \qquad \text{(I)}$$

Il s'agit ni plus ni moins que d'une autre tentative pour cerner la même réalité vague : ici calculable, décidable, etc., se mesurent à l'aune de la prouvabilité formelle. Or on s'aperçoit que la notion plus générale ne l'est pas vraiment. En effet, on peut – mais on se gardera bien de le faire, c'est affreusement barbant – exprimer la prouvabilité d'une formule dans un système axiomatique comme l'arithmétique de Peano au moyen d'un système d'équations : le prédicat $Thm[n]$, qui dit que n est le numéro de Gödel d'une formule démontrable de T, est semi-récursif au sens précis donné plus haut ; et l'intendance suit...

La machine de Turing

Autrement dit, la classe des fonctions partielles représentables dans T au moyen de (I) ne dépend pas (sauf cas pathologiques controuvés en vue de thèse) du choix de T ; il en est évidemment de même pour les prédicats, vu qu'ils sont fondamentalement réduits à leurs demi-fonctions caractéristiques, ζ ou θ.

Cette affinité profonde entre preuves et calculs (et qui sous-tend d'autres aspects de l'approche logicienne du calcul) peut se résumer ainsi :

– exécuter un algorithme, ce n'est jamais que trouver les conséquences de sa définition ;

– réciproquement, on peut voir l'acte de démontrer comme le calcul d'une propriété semi-récursive.

4. La thèse de Church

Il devient alors franchement difficile de sortir de la bouteille : si on essaie – et on l'a fait maintes fois – d'autres définitions pour calculable, décidable, etc., on retombe immanquablement sur les mêmes classes. C'est ce qui se passe ou se passera avec le *lambda-calcul* et les machines de Turing. Puisque toutes les définitions proposées introduisent des fonctions calculables, on ne pouvait espérer qu'un agrandissement de la classe ; mais un tel agrandissement devait bien à un moment quelconque passer par une définition mathématique rigoureuse. On aurait pu alors la formaliser ; le fait que les calculs se transforment en théorèmes résulte dès lors implacablement du caractère fini des calculs. Tout ceci ne s'appliquerait pas dans le cas de notions fantaisistes de calculs, par exemple admettre une infinité d'étapes :

$$f(n) = 0 \text{ si } g(n, m) = 0 \text{ pour tout entier } m,$$
$$f(n) = 1 \text{ sinon.}$$

C'est ce qui a amené à la fameuse *thèse de Church*, formulée en 1936 :

De la calculabilité à la complexité

les fonctions calculables sont exactement les fonctions récursives,

et à ses codicilles plus ou moins implicites identifiant décidable avec récursif, semi-décidable (c'est-à-dire la possibilité de vérifier $P[n]$ quand il est vrai) avec semi-récursif, etc.

Ce postulat – qui ne pose problème que dans un sens, les fonctions récursives étant calculables de façon évidente – est extrêmement robuste, comme nous avons pu le voir. Il ne s'agit en aucune façon d'un axiome, puisqu'il met en relation une notion vague – la calculabilité et ses variantes – avec une définition mathématique. La bonne analogie est à chercher du côté de la physique : par exemple, la relativité propose une certaine vision mathématique de la mécanique, de l'électromagnétisme, etc., sans toucher le moins du monde aux bases des mathématiques. L'analogie physique est bienvenue : on peut penser qu'un algorithme, c'est une machine qui produit une fonction par des méthodes physiques. Il serait, par contre, franchement douteux de chercher à tirer la thèse de Church vers un « *tout est récursif* », conception du monde physique d'un mécanisme un peu désuet[5]. Ce type d'extrapolation fait d'ailleurs irrésistiblement penser à une position de repli du réductionnisme à la Hilbert, dont on sait (voir n. 3, p. 14) ce qu'il est advenu.

---

5. Pensons à une machine qui produirait des réponses à partir de la mesure du spin d'un électron, procédé uniquement non reproductible ; doit-on voir ici une infirmation de la thèse de Church ? Pour autant qu'elle se pose la question, la mécanique quantique pencherait d'ailleurs pour un monde non récursif... On peut se retrancher derrière une question de principe : quelles que soient les extensions ultérieures de l'idée de calculabilité, la thèse de Church mettra toujours en relation les fonctions récursives avec une classe particulièrement remarquable de fonctions calculables.

5. Incomplétude et indécidabilité

Observons qu'il y a une fonction récursive partielle universelle (analogue à la machine de Turing universelle : de ce point de vue-là, l'article de Turing n'est pas spécialement original, puisque *toute* définition de la calculabilité mène à une fonction – ou une machine – universelle, celle de Turing ni plus ni moins que les autres). Une telle fonction $f(p, m)$ est telle que pour toute fonction g à un argument, il existe un entier p_0 tel que pour tous m et n

$$g(m) \approx n \text{ si et seulement si } f(p_0, m) \approx n.$$

Autrement dit, si $f_p(n) \approx f(p, n)$, la suite (f_p) énumère les fonctions récursives partielles. Cette fonction peut être construite facilement à partir du prédicat semi-récursif $Thm[n]$, qui dit que n est le nombre de Gödel[6] d'un théorème de T : $f(p, m) \approx n$ veut dire que (I) est vérifiée quand p se trouve être le nombre de Gödel d'un énoncé $A[x]$. Il suffit alors, pour représenter $g(m)$ par $f(p_0, m)$, de choisir pour p_0 le nombre de Gödel d'un énoncé A représentant g. De la même manière, il existe un prédicat semi-récursif $P[p, n]$ universel : pour tout prédicat semi-récursif $Q[n]$, on peut trouver p_0 tel que $Q[n]$ soit vrai exactement quand $P[p_0, n]$ l'est, et ce pour tout n.

Si on s'amuse à diagonaliser P en formant $\neg P[n, n]$, le prédicat unaire obtenu – qui est co-semi-récursif – n'est pas semi-récursif : sinon il pourrait s'écrire $P[n_0, n]$, et la considération de $n_0 = n$ conduit à une absurdité. Si on se rappelle la construc-

---

[6]. Ce qu'on appelle *nombres de Gödel* n'est rien d'autre que l'énumération d'un langage donné : si $A_0, A_1, \ldots$ est une énumération de ce langage, la formule A_n de numéro n a par définition le nombre de Gödel n ; si l'énumération est faite « normalement », toutes les manipulations syntaxiques sur les formules se représentent par des fonctions calculables simples sur leurs nombres de Gödel. On ne rappellera jamais assez que les nombres de Gödel ne sont que des codages arbitraires et qu'il ne faut donc leur attribuer aucune signification cabalistique.

De la calculabilité à la complexité

tion précise de $\neg P[n, n]$ en termes de prouvabilité, et si on choisit pour n_0 le candidat évident, à savoir le nombre de Gödel de la formule qui représente $\neg P[n, n]$, on vient juste de fabriquer la propriété « je ne suis pas prouvable », c'est-à-dire qu'on est en plein théorème d'incomplétude. On voit qu'il n'y a pas l'épaisseur d'un papier à cigarette entre cet argument et l'incomplétude : c'est fondamentalement la même démonstration, avec une petite bifurcation au moment d'énoncer les théorèmes. Ici, on remarquera que, si $P[n, n]$ était récursif, il en serait de même de $\neg P[n, n]$, qui n'est même pas semi-récursif. Autrement dit, il y a des semi-récursifs non récursifs, ou, *modulo* la thèse de Church, des prédicats semi-décidables indécidables[7].

Ce qui est donc indécidable, c'est la prouvabilité dans T, puisque $P[n, n]$ se déduit récursivement de la prouvabilité. On pourrait objecter que cet exemple d'indécidabilité est un peu une perversion de logicien, vu qu'il est d'une généralité monstrueuse ; mais de nombreux problèmes classiques se sont avérés indécidables, mentionnons en particulier les résultats de Novikoff (indécidabilité du problème des mots dans les groupes[8]) et de Matiasevitch (indécidabilité du dixième problème de Hilbert, c'est-à-dire des équations diophantiennes ;

---

7. Le mot *indécidabilité* est utilisé de façon un peu perturbante par les logiciens : par exemple, l'énoncé de Gödel est indécidable – dans le sens qu'il n'est ni prouvable ni réfutable –, et le dixième problème de Hilbert aussi – dans le sens qui nous occupe ici. Il y a une façon très simple de savoir qui est qui : l'indécidabilité du genre « théorème de Gödel » réfère à un énoncé unique, alors que celle dont nous parlons dans le texte réfère à un prédicat, c'est-à-dire fondamentalement à un ensemble (dans le cas du dixième problème, à l'ensemble des équations diophantiennes qui ont une solution). Modulo des codages *ad hoc*, on se ramène au cas d'ensembles d'entiers.

8. Le problème des mots s'énonce simplement, pour qui connaît un peu de mathématiques. Soit G le groupe libre engendré par un nombre fini de symboles $c_1, ..., c_n$; on considère un nombre fini d'équations $g_1 = h_1, ..., g_m = h_m$ et on se pose la question de décider si oui ou non une équation $g = h$ est la conséquence des équations de départ ; en d'autres termes, il s'agit de décider si oui ou non un élément de G appartient au sous-groupe distingué H engendré par les $g_i h_i^{-1}$. Cette question est semi-décidable sans être décidable.

La machine de Turing

voir plus haut). En fait, les prédicats semi-décidables qui se trouvent dans la nature sont le plus souvent indécidables : la décidabilité est plutôt l'exception. L'indécidabilité réfère à la totalité d'un prédicat infini P, et pas du tout à tel ou tel de ses cas particuliers. Pour un prédicat semi-décidable, elle dit que tout algorithme répondant « oui » exactement quand $P[n]$ est vrai doit se taire (diverger) pour un certain m tel que $P[m]$ soit faux ; cet m dépend de l'algorithme. On peut toujours – au moyen d'une démonstration mathématique, de chiromancie, etc. – améliorer l'algorithme en ajoutant des cas particuliers pour lesquels $P[m]$ est faux, mais cette amélioration ne peut être que très partielle.

Les premiers résultats d'indécidabilité se démontrent par diagonalisation d'un prédicat semi-récursif universel. La technique de diagonalisation s'applique *mutatis mutandis* aussi dans le cas d'une fonction récursive partielle universelle, sous la forme du *théorème de récursion* de Kleene, qui affirme que toute équation définissant récursivement une fonction partielle en termes d'elle-même :

$$f(n) \approx H[f, n]$$

a une solution récursive unique, dans un sens à préciser ; observons ici le rôle très particulier du symbole « $\approx$ », qui empêche en général de donner la solution stupide « $f(n)$ indéfinie » : en effet, les deux côtés doivent être simultanément définis. Techniquement, c'est la n-ième variation sur le théorème de Gödel : l'intérêt méthodologique de ce résultat est donc ailleurs, plus précisément dans une formulation impeccable et définitive du problème de la récursivité, qui, rappelons-le, désigne à l'origine une définition autoréférente. Le passage de la notion de fonction totale au concept de fonction partielle se justifie par l'énoncé de théorèmes remarquables comme le précédent, qui serait visiblement faux dans le cadre étriqué des fonctions totales ($f(n) = f(n) + 1$ n'a pas de solution, alors que $f(n) \approx f(n) + 1$ en a une, la fonction jamais définie).

De la calculabilité à la complexité

6. La récursivité à contre-courant

Comment se fait-il donc que, après des débuts prometteurs, la théorie de la récursivité ait failli à devenir la théorie des calculs ? On peut accuser les hommes, les structures, le fameux *publish or perish* américain qui place un théorème moyen au-dessus d'une bonne idée et donc à plus forte raison un théorème héroïque au-dessus d'une idée controversée... On peut plus charitablement arguer que cette erreur de perspective n'est qu'un des mille avatars de la *gödélite*, ce phénomène d'horizon bouché, de mouche dans la bouteille, qui a culminé dans les années 60 (voir n. 3, p. 14). En tout cas, on a effectivement assisté – à partir de 1955 – à des développements techniques époustouflants. Cette année-là, le théorème de Friedberg-Muchnik montre qu'il y a des *degrés* dans l'indécidabilité des semi-récursifs. Autrement dit, même si la Vierge de Lourdes me fournissait un algorithme – cette improbable médiation céleste est appelée *oracle* dans le jargon du domaine – décidant un prédicat semi-récursif non récursif Q, il se peut très bien que l'ajout de cet oracle ne soit pas suffisant pour décider tout prédicat semi-récursif (c'est, par contre, le cas si on choisit pour Q le prédicat d'énumération $P[n, m]$). La démonstration se fait au moyen d'un tour de force, la méthode de *priorité*. La théorie des *degrés d'indécidabilité* cherche donc à classer les prédicats en fonction de leur non-décidabilité, et en particulier aplatit toute distinction entre prédicats décidables. Comme si, à partir du moment où je sais que P est décidable, j'avais tout dit sur P... On voit que la notion de calcul, d'algorithme, a tendance à devenir ici une simple boîte qu'on n'ouvre jamais ; ainsi, tous ces résultats sont d'une indifférence marmoréenne quant au modèle de calcul, équations, prouvabilité, machines de Turing, lambda-calcul... En se généralisant jusqu'à admettre des suites infinies d'étapes dans les années 60, la théorie de la récursivité a coupé définitivement les ponts avec la possibilité d'être une théorie du calcul, tout en se rapprochant de la théorie des ensembles, qui, elle, n'a que faire de la notion de calcul.

Finalement, la théorie de la récursivité fournit avant tout un *corpus* de résultats négatifs, « hygiéniques », quant à la calculabilité ; par exemple, il est utile de savoir qu'on ne peut pas décider récursivement – et donc *a fortiori* sur un ordinateur – de la non-contradiction d'une théorie formelle, ou de la convergence d'un calcul particulier (ni calculer la n-ième décimale d'un réel, par ailleurs récursif). Cela permet au moins de réfuter des modélisations fautives, comme on en trouve parfois en intelligence artificielle (du genre « pour vérifier $\neg A$, montrer la non-prouvabilité de A, c'est-à-dire la cohérence de $T + \neg A$ »). Pour le reste, soit pour des résultats positifs sur le calcul, il faudra donc repartir de zéro, ou presque.

2. Une machine de papier...

1. Des fondements à l'algorithmique

A propos du théorème de Gödel, on peut s'étonner de la diversité de sa postérité ; on y trouve aussi bien ce résultat très surestimé de Tarski (l'indéfinissabilité de la vérité) que le théorème de récursion de Kleene. Mais alors que le résultat de Tarski n'est tourné que vers la question très datée des fondements, celui – positif – de Kleene transfère la problématique du cadre angoissant de la non-contradiction à celui bien plus fécond de la calculabilité.

On peut faire des remarques similaires pour d'autres projets fondationnels, comme la théorie *naïve* des ensembles. Au départ, on avait songé à écrire un schéma de *compréhension*, c'est-à-dire à définir n'importe quel ensemble au moyen d'un

De la calculabilité à la complexité

prédicat[9]. Ce schéma fut réfuté par le paradoxe de Burali-Forti, plus tard simplifié par Russell. Rappelons l'argument de Russell, qui est très simple : on suppose avoir droit à la formation d'un ensemble $A = \{x\,; P[x]\}$ pour n'importe quel prédicat P défini par une formule. L'axiome de base est que les éléments de A sont exactement les a vérifiant P, en notation symbolique :

$$a \in A \leftrightarrow P[a] \qquad (II)$$

Si on applique ce schéma imprudent à $P[x]$ défini par $x \notin x$, on obtient :

$$\{x\,; x \notin x\} \in \{x\,; x \notin x\} \leftrightarrow \{x\,; x \notin x\} \notin \{x\,; x \notin x\},$$

soit une contradiction (autrement dit, si A est l'ensemble des ensembles n'appartenant pas à eux-mêmes, A appartient à A si et seulement s'il n'appartient pas à lui-même).

Il peut sembler rétrospectivement incroyable que les fondateurs du lambda-calcul[10] aient pu proposer au début des années 30 un *remake* de la théorie naïve des ensembles, une espèce de théorie naïve des fonctions. Dans le lambda-calcul, on peut définir n'importe quelle fonction à partir d'un terme fonctionnel $t\,[x]$: ainsi, $\lambda xt\,[x]$ est la fonction f qui associe à l'objet a le terme $t\,[a]$, cela sans limitation de domaine de

---

9. On sait que la contribution de Zermelo à la théorie des ensembles fut de proposer une restriction du schéma de compréhension aux éléments d'un ensemble déjà existant ; ainsi, la théorie ZF de Zermelo-Fraenkel permet de former l'ensemble des x appartenant à un ensemble donné X tels que $P[x]$; c'est pour cela qu'un prédicat $P[n]$ des entiers définit un ensemble. En d'autres termes, la compréhension revue par Zermelo ne permet de définir que des *sous-ensembles* au moyen d'un prédicat.

10. Cette brève parenthèse sur le lambda-calcul met en perspective la par trop allusive digression de Turing dans l'appendice de son premier article. Elle permet aussi d'en relativiser l'intérêt, vu que toutes les approches à la récursivité sont équivalentes, du moins tant qu'on ne s'intéresse pas à la structure du calcul. Pour plus d'informations sur le lambda-calcul, on pourra consulter J.-L. Krivine, *Lambda-calcul, types et modèles*, Paris, Masson, 1990.

La machine de Turing

définition – autrement dit, f peut s'appliquer à n'importe quoi, y compris à elle-même. Si on dénote par $\{f\}(a)$ l'application de la fonction f à l'argument a, cela peut s'exprimer par l'équation

$$\{\lambda xt\,[x]\}(a) = t\,[a] \qquad (III)$$

Comme il est évident que les ensembles peuvent être codés au moyen de fonctions caractéristiques, on s'attend au pire ; en effet, essayons de réécrire le paradoxe de Russell en lambda-calcul, au moyen d'un dictionnaire simple :

prédicat $\mapsto$ fonction
compréhension $\mapsto$ définition de fonction
appartenance $\mapsto$ application
équivalence $\mapsto$ égalité ;

on observe que (II) se traduit en (III) ; on peut alors essayer de traduire le paradoxe de Russell. Pour cela, il nous faut encore trouver un équivalent lambda-calculesque à la négation (qui intervient dans $x \notin x$, et qui n'est autre que $\neg(x \in x)$) ; pour cela on prendra une fonction f arbitraire, et on obtient immédiatement :

$$\{\lambda x\{f\}(x(x))\}(\lambda xf(x(x))) = \{f\}(\{\lambda x\{f\}(x(x))\})(\lambda x\{f\}(x(x)))\,^{11}$$
$$(IV)$$

soit une équation de la forme $a = \{f\}(a)$. Autrement dit, en lambda-calcul, toute fonction a un point fixe ; ce qui permet de relire le paradoxe de Russell comme la construction d'un point fixe pour la négation classique... qui n'en a pas. Par contre, les fonctions partielles peuvent admettre des points fixes. Ce résultat de point fixe – qui est l'analogue strict en lambda-calcul du théorème de récursion de Kleene, voir plus bas – permet d'asseoir le lambda-calcul comme une des approches majeures au thème de la calculabilité.

---

11. Pour nous conformer à la notation de Turing, nous omettons les accolades dans $\{f\}(a)$ quand f est une variable ; c'est pourquoi on lit ici $x(x)$, au lieu de $\{x\}(x)$.

De la calculabilité à la complexité

Pendant que nous y sommes, faisons un tout petit peu de lambda-calcul : l'entier n se représente sous la forme (en utilisant, à l'instar de Turing, $\lambda xy.t$ pour abréger $\lambda x \lambda yt$) $Cn = \lambda xy.x(x(\ldots x(y)\ldots))$, avec n « x » ; c'est ce qu'on appelle les *entiers de Church*. Ainsi 0, 1, 2, 3 deviennent-ils, respectivement, $\lambda xy.y$, $\lambda xy.x(y)$, $\lambda xy.x(x(y))$, $\lambda xy.x(x(x(y)))$.

En lambda-calcul, on utilise la règle de *bêta-conversion*, qui consiste à réécrire toute expression $\{\lambda x.u\}(v)$ en l'expression $u[v/x]$ obtenue par remplacement dans u de x par v : c'est la forme que prend l'équation (III) quand on l'oriente de la gauche vers la droite. Le calcul s'effectue en itérant cette opération jusqu'à l'obtention d'une *forme normale*, c'est-à-dire une expression sans sous-expression $\{\lambda x.u\}(v)$. On peut très bien ne jamais trouver de forme normale (par exemple, essayez de « normaliser » $\{\lambda xx(x)\}(\lambda xx(x)))$, auquel cas le calcul diverge ; mais, si elle existe, elle est unique, c'est-à-dire ne dépend pas du choix ni de l'ordre des conversions : c'est ce que dit (entre autres) le *théorème de Church-Rosser*.

Le lecteur appliqué pourra s'amuser à calculer les expressions :

$\lambda xy.\{\{C_m\}(x)\}(\{\{C_n\}(x)\}(y))$, $\lambda x\{C_m\}(\{C_n\}(x))$, $\{C_m\}(C_n)$.

(On trouve dans chaque cas un lambda-terme de la forme C_k[12].)

Terminons ce trop rapide aperçu du lambda-calcul en montrant quelle forme exacte y prend le théorème de récursion de Kleene : soit $t[x, y]$ une expression dépendant de deux

---

12. Le λ-calcul de l'époque (λI-calcul) était sujet à une limitation drastique : interdiction de former λxt quand x n'est pas utilisé dans t ; cette restriction était une séquelle des brèches trouvées dans les premières versions du calcul, et qu'on avait colmatées au moyen de cet artifice. Il était donc illégal d'écrire $\lambda xy.y$, c'est-à-dire l'entier 0. Sur le fond, l'absence de zéro ne changeait pas grand-chose ; ainsi, au lieu de 0 et 1, c'est 1 et 2 qui sont utilisés dans le texte (sous les formes $\lambda xy.x(y)$ et $\lambda xy.x(x(y))$. Dans la pratique, c'est des complications sans fin qu'induisait cette restriction. Le λI-calcul, variante de jeunesse, fut donc abandonné sans regret.

La machine de Turing

variables libres[13] x et y. On peut alors trouver une expression u telle que :

$$\{u\}(Cn) \; conv. \; t\,[u, Cn]$$

pour tout entier n. Il suffit donc d'appliquer (IV) à la fonction $f = \lambda xy.t\,[x, y]$.

Bien sûr, le signe « = » de (IV) devient une conversion, ou, si on préfère, la conversion sert à définir l'égalité. Il n'est peut-être pas inutile de remarquer le rôle extrêmement ambigu de l'égalité dans cette affaire. En effet, comme toujours, si on écrit $t = u$, c'est bien que quelque part t et u sont aussi différents. D'ailleurs seul un maniaque pourrait trouver intérêt à écrire un théorème du genre $x = x$... Si les formalismes pour l'égalité contiennent tous l'axiome $x = x$, c'est que cet axiome simplifie grandement l'écriture des autres axiomes (par exemple, la propriété qui dit que si $t = t'$ et $u = u'$, alors $t + t' = u + u'$, n'a elle aussi d'intérêt que quand soit t et t' soit u et u' sont des expressions différentes ; on l'axiomatise par $x = x' \wedge y = y' \Rightarrow x + y = x' + y'$; si on voulait ne retenir que les cas intéressants, on serait amené à ajouter deux autres axiomes, $x = x' \Rightarrow x + y = x' + y$ et $y = y' \Rightarrow x + y = x' + y'$, ce qui est très lourd) ; mais ce n'est pas le rôle du formalisme de distinguer ce qui est intéressant du reste. On trouve d'ailleurs ici comme un avant-goût de la distinction implicite/explicite

---

13. La bureaucratie logique distingue traditionnellement entre des variables libres et des variables muettes : dans $\forall x \, (x = y \Rightarrow y = x)$, x est muet alors que y est libre. Dire que x est muet veut dire que l'expression $\forall z \, (z = y \Rightarrow y = z)$ a strictement la même valeur. On trouve des variables muettes dans de nombreuses notations, comme $\int f(x) \, dx$. En lambda-calcul, la variable x de λxt est muette. Il est toujours possible de renommer certaines variables muettes de façon à éviter des expressions comme $\{\int xx\}(x)$, où les deux premiers x sont muets mais le troisième est libre, ou $\{\lambda xx\}(\{\lambda xx\})$, où la même variable sert deux lambda différents. C'est parfois plus prudent, comme le montre l'exemple du terme $\{\lambda xy.x(y)\}(y)$ qui se convertit en $\lambda yy(y)$ dans lequel un y devient muet contre tout bon sens, au lieu du résultat correct $\lambda zz(y)$ que l'on obtient si on a la bonne idée de renommer x en z dans le terme de départ. Curieusement, la logique n'est jamais vraiment arrivée à se débarrasser de cette question, somme toute assez mesquine.

De la calculabilité à la complexité

que nous retrouverons bien plus loin. Le grand logicien Frege s'était d'ailleurs penché sur cette difficulté en distinguant pour les expressions logiques un *sens* et une *dénotation* : son idée étant que, dans une phrase comme « Erich von Stroheim est l'auteur des *Rapaces* », les termes « Erich von Stroheim » et « l'auteur des *Rapaces* » ont des sens différents (sinon on n'éprouverait pas le besoin d'énoncer une telle phrase) mais ont des dénotations égales (c'est-à-dire réfèrent au même individu). La dénotation est donc implicite dans le sens ; le calcul est une explicitation, menant du sens (programme) à la dénotation (valeur calculée).

2. Les machines de Turing

Les machines de Turing sont des machines abstraites, bonnes à tout, sauf à exécuter de vrais algorithmes ; en effet, si ces machines peuvent en principe effectuer n'importe quel calcul, il vaut mieux ne pas avoir de problème d'encombrement, et encore moins de train à prendre... Il s'agit donc avant tout d'une approche réductrice au problème du calculateur.

La machine de Turing la plus fruste consiste en :
– un *ruban*, avec une extrémité gauche, infini à droite, divisé en cases de même taille ; on peut penser à un ruban magnétique suffisamment long...

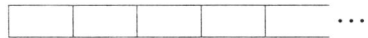

– un ensemble fini de *symboles*, par exemple 0, 1, *s*, *d*, *f* (0 et 1 pour la numération binaire, *s* pour séparer deux expressions, *d* pour le début du ruban, *f* pour signifier que ce qui est à droite n'a plus d'importance) ; ces symboles, au plus un par case, sont imprimés (ou enregistrés magnétiquement) sur le ruban. Pour la clarté de l'exposé, on peut supposer que le symbole *d* (début) est écrit uniquement sur la première case, que

La machine de Turing

– du moins pour les configurations de départ et d'arrêt – celui de fin f apparaît quelque part sur le ruban et qu'à gauche de ce symbole toutes les cases sont occupées, par exemple :

d	1	0	0	f	

...

Ce ruban sert à beaucoup de choses, trop de choses : il permet d'écrire (si on calcule une fonction) l'argument de la fonction (ici, 4 en binaire, soit 100) ; il permettra en fin de calcul de lire le résultat ; il permet aussi de mémoriser temporairement les étapes intermédiaires du calcul... Rien ne s'oppose à ce qu'on traite des fonctions de deux arguments ; par exemple :

d	1	0	0	s	1	1	0	1	f	

...

représente les deux arguments d'entrée : 100 (soit 4) et 1101 (soit 13), dans cet ordre.

– Une *tête d'écriture/lecture* qui se déplace sur le ruban ; à chaque impulsion, la tête peut soit rester sur place, soit rétrograder (si possible) ou avancer, dans les deux cas d'une case ; la tête a le droit de lire ou d'écrire dans la case qu'elle est en train de sonder. Pour rester concret, on peut imaginer que c'est le ruban et non la tête qui bouge, comme dans un magnétophone.

– Un ensemble fini d'*états* ; ces états permettent de distinguer plusieurs comportements possibles (par exemple D pour le départ, A pour l'arrêt et donc la lecture du résultat final par un observateur extérieur, plus des états qui disent ce que la machine est en train de faire, ou mémorisent une information lue sur une case du ruban).

– Un ensemble fini d'*instructions* : à chaque étape, en fonction du symbole c que la tête lit dans la case sondée et en fonction de son état courant S, elle écrit un nouveau symbole c' dans la case (qui peut être c lui-même), elle passe dans un nouvel état S' (peut-être le même que S) et elle effectue un dépla-

De la calculabilité à la complexité

cement, d'au plus une case, noté − 1 (gauche), 0 (immobilité), + 1 (droite). Par exemple, le début du programme s'écrit $d, D \mapsto d, S, + 1$ pour un état S à spécifier mais distinct de D ; de même, la fin du programme peut s'écrire $d, T \mapsto d, A, 0$ pour un ou plusieurs états T. Il s'agit d'un modèle de calcul purement déterministe : à chaque étape, la prochaine étape − s'il y en a une − est complètement déterminée. Il est aussi nécessaire d'envisager le cas où la machine se contente d'écrire sur la case sondée, sans lecture, ce qui donne des instructions du genre $S \mapsto c, T, + 1$, etc. − ce cas arrive nécessairement, vu que la longueur utile du ruban peut varier, et qu'il faudra bien arriver sur des cases vierges...

Le programme fonctionne ainsi : les données de départ sont inscrites sur le ruban, après le symbole d, séparées par des symboles s, avec un symbole f final ; la machine est initialisée dans l'état D sur la première case. Elle se met alors à fonctionner : à chaque impulsion, on peut représenter la configuration obtenue au moyen de n (le numéro de la case sondée), de S (l'état courant) et de la partie du ruban à gauche de f. Elle peut, suivant les cas :

− se bloquer (cela peut arriver si on a oublié de prévoir tous les cas de figure, ou si on lui demande une impossibilité, comme de se mouvoir à gauche de d) ;

− fonctionner pour toujours, c'est-à-dire ne jamais arriver dans l'état A ;

− s'arrêter dans l'état A, normalement (suivant nos conventions) sur la case d ; dans ce cas, on lit le résultat en commençant juste à droite de d, jusqu'au premier f. Ici aussi ça peut mal se passer, par exemple on ne trouve pas f, ou l'opérateur humain ne sait pas interpréter la suite de symboles écrite (par exemple, si on a donné en entrée les deux entiers 4 et 13, comme plus haut, et si la machine calcule l'addition, on s'attend à un nombre en binaire).

Prenons un exemple très simple pour nous permettre de comprendre comment une telle machine peut − très théori-

La machine de Turing

quement – fonctionner : on se permet les symboles d, 0, 1 et f ; on veut décrire une machine qui, partant d'une suite finie de 0 et de 1, efface son premier symbole pour le recopier deux fois à la fin ; autrement dit, partant de la configuration (C) :

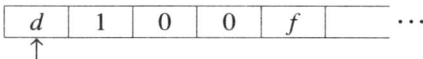

elle doit s'arrêter sur (D) :

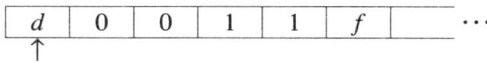

La première chose que fait la machine, c'est d'aller dans la case 2 et de se mettre en état de « lecture », disons L, ce qu'on notera par l'instruction

$$d, D \mapsto d, L, + 1.$$

Dans l'état L, la machine va passer à un nouvel état dans lequel elle cherche le symbole de fin tout en se remémorant ce qu'elle a lu dans la seconde case, ce qu'on peut noter par deux états F_0 et F_1, et ce qui nous donne les instructions

$$0, L \mapsto F_0, + 1 \qquad 1, L \mapsto F_1, + 1$$

– dans les deux cas, elle commence à se mouvoir vers la droite ; ici, on a affaire à une recherche extrêmement rapide (le ruban magnétique tournerait très vite si on voulait concrétiser tout cela) du symbole f, exprimée au moyen de

$$0, F_0 \mapsto 0, F_0, + 1 \qquad 1, F_1 \mapsto 1, F_1, + 1,$$

qui expriment un pur déplacement de la tête vers la droite. Ce déplacement ne s'arrête que quand la tête rencontre un symbole f ; dans ce cas-là, elle l'efface pour le remplacer par le symbole mémorisé par l'état courant, tout en se déplaçant encore d'un cran à droite, et en se mettant dans un nouvel état F_f qui indique qu'elle vient d'achever sa première sous-tâche, la recherche de f :

De la calculabilité à la complexité

$f, F_0 \mapsto 0, F_f, + 1$ $\qquad$ $f, F_1 \mapsto 1, F_f, + 1$.

La tête est maintenant dans la case immédiatement à droite de l'ancien symbole f; si on était parti de (C), le ruban ressemble maintenant à

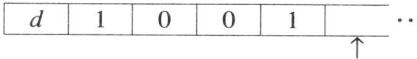

Il n'est pas question de lire ce qui est – ou n'est pas – dans cette case ; la machine se contente d'y inscrire le symbole f et de rétrograder dans un nouvel état T_f qui indique encore l'achèvement d'une autre sous-tâche, l'écriture d'un nouvel f, ce qui correspond à l'instruction $F_f \mapsto f, T_f, -1$; dans notre exemple le ruban ressemble donc à

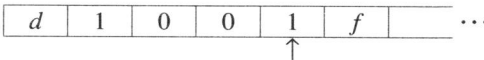

et la tête se trouve sur le dernier symbole 1.

Maintenant, la tête va rejoindre très vite d en recopiant à gauche le symbole lu et en mémorisant le symbole effacé au moyen de deux nouveaux états T_0 et T_1 :

$0, T_f \mapsto 0, T_0, -1$ $\qquad$ $1, T_f \mapsto 1, T_1, -1$,

ce qui déplace la tête d'un cran sur la gauche sans changer la configuration du ruban (mais change l'état : dans l'exemple, on est maintenant dans l'état T_1), et on continue au moyen de :

$0, T_0 \mapsto 0, T_0, -1$ $\qquad$ $1, T_0 \mapsto 0, T_1, -1$
$1, T_0 \mapsto 0, T_1, -1$ $\qquad$ $1, T_1 \mapsto 1, T_1, -1$,

qui nous permet de modifier la configuration du ruban progressivement :

35

La machine de Turing

d	1	0	1	1	f	$\cdots$
		↑				

d	1	0	1	1	f	$\cdots$
	↑					

d	0	0	1	1	f	$\cdots$
	↑					

d	0	0	1	1	f	$\cdots$
↑						

La tête est maintenant dans la première case et dans un état T_0 ou T_1 ; il suffit de lui enjoindre de s'arrêter :

$$d, T_0 \mapsto d, A, 0 \qquad d, T_1 \mapsto d, A, 0.$$

A-t-on vraiment prévu tous les cas ? Par exemple, que se passe-t-il si la suite de départ est vide (f en deuxième position) ? On peut, par exemple, décider que le programme s'arrête, ce qui peut se faire au moyen de la nouvelle instruction :

$$f, L \mapsto d, A, 0, \text{etc.}$$

Cet exemple est simple, trop simple sans doute, mais il permet de se convaincre informellement que, avec beaucoup d'efforts, n'importe quel algorithme peut être simulé par une machine de Turing *ad hoc*. En termes d'informatique plus moderne, on reconnaît dans le ruban une mémoire très rudimentaire (qui n'a pas d'accès direct : il y a la même différence entre le ruban de Turing et une mémoire d'ordinateur, qu'entre une cassette et un disque laser ; en fait, les machines de Turing suent sang et eau pour déplacer les données sur le ruban). On reconnaît de même dans les états une pile opérationnelle servant à mémoriser une information (dans notre exemple, nous avons mémorisé des valeurs 0, 1 ou f) ; les piles opérationnelles permettent en principe de mémoriser une suite de symboles ; une pile n'est accessible que par le dessus : on peut soit lire le symbole du dessus (et l'effacer, ça s'appelle *dépiler*), soit *empiler* (c'est-à-dire ajouter un nouveau symbole au-dessus de la pile).

De la calculabilité à la complexité

Donc, avec beaucoup d'efforts, on arrive à démontrer que les machines de Turing sont une caractérisation possible des fonctions récursives : il faut partir d'une des autres définitions, et patiemment simuler tous les schémas de cette définition. On consultera le livre de Lalement[14] (qui contient aussi des éléments de complexité) à ce sujet ; bien entendu, la machine de Turing est un thème à variations, et on ne trouvera jamais deux auteurs pour s'accorder sur tous les détails : on peut imaginer un ruban infini des deux côtés, plusieurs rubans et plusieurs têtes, etc., mais ce sont toujours des machines de Turing.

Une fois ceci admis, la plupart des résultats contenus dans l'article de Turing apparaissent rétrospectivement peu surprenants : la machine de Turing universelle n'est guère plus qu'une simulation d'une fonction récursive partielle universelle ; l'existence de suites de 0 et de 1, définissables mais non calculables, n'est rien d'autre qu'une nouvelle version des résultats abstraits d'indécidabilité, formulés précisément en termes de décision de la prouvabilité (*Entscheidungsproblem*). Y a-t-il donc quelque chose dans cet article ?

3. ... mais machine tout de même

1. La complexité des calculs

Nous avons suffisamment argumenté pour montrer que la nouveauté des machines de Turing était – tout comme celle du lambda-calcul – finalement assez anecdotique, un commentaire de plus autour de Gödel.

En y regardant de plus près, il y a cependant un peu plus : pour la première fois, un logicien se penche sur le calcul et

---

14. R. Lalement, *Logique, Réduction, Résolution*, Paris, Masson, 1990.

non sur la calculabilité ; mais voilà : sa machine est plutôt maladroite… ; elle ne peut servir qu'à des considérations théoriques, mais lesquelles ?

C'est seulement avec un certain niveau de développement des machines que se pose, à partir disons de 1960, la question de la *faisabilité* des calculs : en effet, la notion mise au point par les logiciens ignore superbement deux paramètres, l'espace et surtout le temps. Par exemple, la fonction exponentielle x^y est calculable, mais est-elle calculable par un humain ? Si l'ordre de grandeur de y est 100 000 et si x est près de 10, alors $z = x^y$ a à peu près 100 000 chiffres en numération décimale, quant à x^z, il vaut mieux ne pas en parler : les bornes de l'Univers, quelle que soit la manière de les mesurer, sont bafouées par de tels nombres. En d'autres termes, leur calcul est impossible rien que pour des considérations d'espace (où écrire le résultat ?). L'espace n'est pas seul en cause, car on peut très bien imaginer des algorithmes occupant une place restreinte mais demandant un temps trop long de calcul. C'est ce qui a amené – malgré l'incrédulité des logiciens des années 60 – des informaticiens comme Blum et Cook à introduire la notion de *complexité algorithmique*. L'idée intuitive est de prendre une fonction calculable (ou une propriété décidable) et de considérer son temps de calcul (ou l'espace utilisé en mémoire ; nous parlerons surtout du temps, plus important). Mais, pour une fonction donnée, il peut y avoir plusieurs algorithmes plus ou moins astucieux, et le temps peut varier énormément ; qu'à cela ne tienne, il n'y a qu'à chercher la complexité optimale. Mais il y a aussi une autre donnée, qui est celle de la machine utilisée, et certaines sont notoirement plus rapides que d'autres… Il faudrait donc des résultats indépendants de la technologie. Pour ce faire, on a ressuscité les machines de Turing, pour la raison précise que leur inaptitude aux vrais calculs les rend en quelque sorte indifférentes aux progrès, transistors, puces… La machine de Turing devint ainsi le mètre-étalon de la complexité.

De la calculabilité à la complexité

Cela n'est pas allé sans un minutieux travail de comparaison, reliant les bornes de complexité obtenues en passant d'un type de machine abstraite à un autre : que l'on change le type de machine ou que l'on se contente d'ajouter des rubans supplémentaires à une machine de Turing, on constate que les bornes de complexité sont transformées par une fonction au plus polynomiale. Dans le même ordre d'idées, la manière de représenter les entiers (base 2 ou base 10) n'influe que peu sur la complexité : un entier en binaire est trois ou quatre fois plus gros qu'un entier en décimal, c'est tout (mais c'en est fini une fois pour toutes des entiers de logicien, suites de bâtons reliées à la numération par un algorithme exponentiel). C'est pourquoi la notion de complexité la plus importante est la classe (souvent notée P) des algorithmes calculables en temps polynomial : cela signifie que si on donne à l'algorithme une entrée de taille n (typiquement un nombre à n chiffres), le résultat est obtenu en un temps borné par un polynôme $P(n)$ de la taille ; le polynôme peut varier suivant la machine utilisée, mais il reste toujours un polynôme et c'est pour cela qu'on suppose que les calculs sont faits par des machines de Turing, dont la description est très simple. On définit de même les algorithmes en espace polynomial, ainsi que de nombreuses autres classes.

2. *P et NP*

A partir de maintenant, nous nous concentrons sur la complexité des prédicats (propriétés, problèmes) décidables. Il y a relativement peu de propriétés décidables qui (à ce que nous savons aujourd'hui) relèvent de la classe P ; beaucoup de problèmes décidables (comme celui de la décision pour l'arithmétique sans multiplication) ont de trop grosses complexités, du genre deux exponentielles, et sortent donc franchement du faisable ; et puis il reste une kyrielle de propriétés pour les-

La machine de Turing

quelles on a une borne supérieure exponentielle sans rien savoir de plus. Parmi ces problèmes, un des plus connus est celui de la *satisfaisabilité* propositionnelle : on se donne une formule A du calcul propositionnel classique (écrite au moyen des symboles $\wedge$, $\vee$, $\neg$, $\Rightarrow$) à partir de symboles de proposition $p, q, r, \ldots$) et on se demande s'il existe un choix de valeurs de vérité pour $p, q, r, \ldots$ rendant la formule vraie : on dit alors qu'elle est satisfaisable (si A n'est pas satisfaisable, rappelons qu'alors sa négation $\neg A$ est *démontrable*). Pour un choix fixé de valeurs de vérité, les tableaux de vérité (voir p. 111) permettent de calculer la valeur de A en un temps linéaire par rapport à la taille de A. Pour vérifier la satisfaisabilité de A, il n'y a donc qu'à écrire son tableau de vérité complet, obtenu en considérant tous les choix possibles de valeurs pour $p, q, r, \ldots$; mais si le nombre de symboles $p, q, r, \ldots$ distincts est égal à n, la table de vérité a 2^n lignes, et on voit que l'on sort du temps polynomial (l'espace reste très petit, car on examine les lignes une par une, et à chaque nouvelle ligne on peut réutiliser l'espace alloué à la précédente). Pourtant, dans un sens, il y a un « algorithme » rapide pour la satisfaisabilité : il suffit de « deviner » une ligne (on ne dit pas comment) satisfaisant la formule, et alors le calcul est – nous l'avons vu – linéaire. C'est ce qui amène aux algorithmes non déterministes et à la classe *NP*.

Une machine de Turing non déterministe est une machine de nature encore plus hypothétique qu'une machine de Turing : dans un état S, et lisant le symbole c sur la case sondée, elle peut maintenant avoir le choix entre plusieurs instructions (toujours en nombre fini). La machine fonctionne comme précédemment, excepté qu'elle a le droit de « choisir » entre les différentes instructions qui peuvent s'appliquer à chaque étape : autrement dit, à partir d'une configuration initiale fixée, une machine non déterministe a plusieurs *exécutions* possibles. Ces machines sont surtout utilisées pour caractériser des prédicats (propriétés) décidables : une

De la calculabilité à la complexité

machine de Turing non déterministe *reconnaît* une propriété P si et seulement si pour tout argument a (écrit sur le ruban comme nous l'avons déjà expliqué) elle finit par rendre la réponse « oui » (qui peut être conventionnellement la configuration finale | d | o | f | | ⋯) pour une *certaine* exécution du programme et cela exactement quand $P(a)$ est vrai. Remarquons que cette définition n'est pas du tout symétrique par rapport à la négation, et ce, même si toutes les exécutions conduisent à des réponses « oui » ou « non » : dans ce cas $P(a)$ est faux exactement quand *toutes* les exécutions mènent à la réponse « non ».

Grosso modo, on peut reconnaître la satisfaisabilité ainsi : on suppose que la proposition à satisfaire a été écrite en entrée sur le ruban ; fondamentalement, quand elle va rencontrer un symbole de proposition p, elle aura le choix entre le remplacer par « vrai » (o) ou « faux » (n) ; le non-déterminisme se limite donc au choix des valeurs de vérité de p, q, r, ..., pour le reste elle se contente de calculer suivant le tableau de vérité[15]. Il est donc évident qu'une exécution de cet algorithme rend la valeur « vrai » si et seulement si elle correspond à un choix de valeurs de vérité satisfaisant la proposition donnée en entrée : la satisfaisabilité est reconnaissable par une machine non déterministe en temps linéaire.

C'est ce qui amène à la définition de la classe *NP* : il s'agit des propriétés (prédicats) P reconnaissables par une machine non déterministe en un temps borné par une fonction polynomiale de la taille de l'entrée. La satisfaisabilité est dans la classe *NP* (puisque le temps est borné par une fonction linéaire

---

15. La description détaillée de ce qu'il faut faire est vraiment pénible ; par exemple, si les symboles de proposition sont p_1, ..., p_n, comme on n'a droit qu'à un nombre fini de symboles et qu'ici n peut être arbitrairement grand, on représentera pi par un morceau de ruban commençant par un symbole p et suivi de symboles 0 ou 1 représentant l'entier i. Il faut aussi assurer la cohérence des choix : si o a été choisi à un endroit pour p, il faut « obliger » au même choix pour p partout ailleurs.

La machine de Turing

de la taille) ; nous avons mentionné cet exemple, car il est *universel* : toute propriété *NP* peut être réduite (au moyen d'un algorithme de la classe *P*) à la satisfaisabilité.

S'il est clair que toute propriété *P* est *NP*, on a plus que des doutes sur la réciproque ; le problème connu sur le nom *P* = *NP* résiste farouchement aux chercheurs, pourtant plutôt brillants, de la théorie de la complexité ; il en est de même de la plupart des autres problèmes d'égalité entre classes de complexité (par exemple entre *NP* et *coNP* : *coNP* est formée des propriétés comme la prouvabilité propositionnelle, dont la négation est dans *NP* ; si *NP* ≠ *coNP*, alors *P* ≠ *NP*, ce qui explique l'intérêt pour cette classe *a priori* très artificielle).

Si on n'a pas su décider jusqu'à présent les égalités entre *P* et *NP*, etc., c'est que la notion d'algorithme en temps polynomial, quoique bien définie, ne se laisse guère disséquer, organiser suivant les larges avenues caractéristiques des domaines parvenus à maturité... Tout compte fait, malgré l'importance des notions comme *P*, *NP*, la théorie de la complexité n'a peut-être encore pas produit ses véritables *concepts*.

3. Réalité du non-déterminisme

La définition d'une machine de Turing non déterministe peut laisser perplexe, surtout quand on la voit pour la première fois ; comment la machine peut-elle en effet faire des choix ? Et, surtout, n'est-ce pas remplacer le calcul par la magie ?

Observons d'abord qu'il n'y a rien d'artificiel à penser à une machine dont les choix non déterministes seraient effectués par un humain, suivant son intuition ; ou encore à des choix faits suivant des principes probabilistes, tirés à pile ou face. Les algorithmes probabilistes qui en résultent sont d'ailleurs très intéressants, bien qu'ils ne garantissent qu'une

De la calculabilité à la complexité

certaine proportion de réussite et qu'il soit difficile de faire des raisonnements sur la seule base des probabilités [16].

Il reste l'autre objection : n'est-ce pas confier l'essentiel de l'algorithmique au hasard ou au Saint-Esprit ? Pas tout à fait, car on n'a affaire qu'à des bifurcations finies (binaires si on veut), et de plus s'il faut bien deviner la solution, il y a quand même un processus de vérification de cette solution qui est de nature tout à fait déterministe. Cela peut s'illustrer par le thème de la cryptographie à clef publique qui nous servira de conclusion temporaire [17].

L'idée de base est la suivante : on donne, au grand jour, aux James Bond de tous les pays la possibilité d'envoyer des messages au moyen d'une fonction f de codage, facile à calculer. Mais voilà, la fonction inverse g de décodage est gardée secrète. Cela peut arriver quand le problème de l'inversion de f tombe dans la classe *NP*. Ainsi, si tout le monde peut écrire à l'aide de f, seuls ceux qui connaissent g peuvent lire les messages cryptés. Un exemple bien connu est basé sur la théorie des *congruences* : on dit que deux entiers a et b sont congrus modulo un entier n si et seulement si la différence $a - b$ est divisible par n. La congruence modulo n est une relation d'équivalence (dont les classes d'équivalence sont tous les restes possibles de la division par n) compatible avec la somme et le produit d'entiers. Au moyen de la fonction φ, dite *indicatrice d'Euler*, on obtient une généralisation du *petit théorème de Fermat* : a^m est congru à 1 modulo n quand

---

16. L'idée pourtant naturelle de logique probabiliste se heurte au problème de la conjonction : on ne sait pas calculer la probabilité de $A \wedge B$ en fonction de celles de A et B (on a $p(A \wedge B) = p(A).p(B)$ pour des événements indépendants, c'est le seul point de repère). C'est pourquoi les poubelles de la logique sont pleines de logiques probabilistes.

17. Rappelons incidemment que Turing a participé pendant la Seconde Guerre mondiale à l'effort de guerre britannique en « cassant » le code des Allemands. Pour la biographie de Turing, en particulier sa fin tragique, on pourra consulter A. Hodges, *Alan Turing ou l'Énigme de l'intelligence*, Paris, Payot, coll. « Bibliothèque scientifique », 1988 (trad. N. Zimmermann).

La machine de Turing

$m = \varphi(n)$, et a est premier avec n. Si maintenant n est le produit pq de deux nombres premiers distincts et si $m = \varphi(n)$ ($= (p-1)(q-1)$), on voit facilement que a^{km+1} est congru à a modulo n pour tous a et k. Si on choisit d et e tels que le produit de soit congru à 1 modulo m, il s'ensuit que a^{de} ($= (a^d)^e = (a^e)^d$) est congru à a modulo n pour tout a. Les fonctions $f : \mapsto a^d$ et $g : a \mapsto a^e$ sont donc réciproques. La fonction f (c'est-à-dire les entiers n et d) forme la clef publique, alors que e reste caché, *ainsi que la décomposition de* n *en produit* pq. La difficulté *NP* de la factorisation d'un nombre empêche de trouver facilement p et q et de même e. (Cependant, les machines s'améliorent, en gagnant de temps en temps quelques décimales sur les n *effectivement* factorisables ; qu'à cela ne tienne, on rajoute quelques décimales aux n utilisés, éternelle histoire du boulet et de la cuirasse.) Notre Smiley, pour communiquer, doit d'abord transformer son texte en un très gros nombre, puis le couper en morceaux d'une certaine taille (par exemple, en blocs de 200 si n a 201 chiffres), puis code chaque bloc b au moyen du reste modulo n de b^d (ce calcul peut se faire très vite, car on ne calcule pas b^d, mais directement le reste). Observons, pour terminer, que son frère ennemi Karla reçoit lui aussi le message b^d, qu'il peut essayer de comparer à des expressions qu'il sait calculer b'^d, b''^d, etc., mais il y en a beaucoup, beaucoup... De plus, contrairement aux codes primitifs du type *Scarabée d'Or*, le bloc est une entité opaque et si b' est très proche de b (disons diffère d'un chiffre), ça ne se voit en aucune façon au niveau de b^d et b'^d.

En cinquante ans, les machines de Turing sont passées du statut honorable d'une présentation *parmi d'autres* de la calculabilité à celui bien plus enviable de *mètre-étalon* de la complexité. Cela illustre la profonde restructuration de la logique qui s'opère sous nos yeux grâce à l'informatique ; ainsi des domaines poussiéreux ou douteux ont-ils leur seconde chance, et c'est justice. Si ce jugement en appel est désirable (pensons, par exemple, au spectaculaire retour de la théorie de la démonstration), il n'en faut pas moins se rappeler que la plupart des idées logiques rejetées par nos pères l'ont été pour de bonnes raisons. Ainsi, l'informatique nous apporte pêle-mêle, comme tout processus vital, des germes de renouveau et des germes de régression, difficilement séparables : nous en verrons une illustration spectaculaire avec cet autre legs de Turing, l'intelligence artificielle.

En tout cas, la logique a enfin trouvé, après de longues hésitations, un vrai domaine d'application, le thème des fondements n'ayant jamais été qu'un faux nez. Mais le changement de thématique est douloureux et prête souvent à controverses : nous ne sommes qu'au milieu du gué.

2
Théorie des nombres calculables, suivie d'une application au problème de la décision

Alan Turing

TRADUIT DE L'ANGLAIS ET ANNOTÉ
PAR JULIEN BASCH

On peut définir sommairement les nombres « calculables » comme étant les réels dont l'expression décimale est calculable avec des moyens finis[1]. En lieu et place des nombres calculables, j'aurais pu tout aussi bien définir et étudier les fonctions calculables d'une variable entière, réelle, ou calculable, les prédicats calculables, et ainsi de suite. Dans tous les cas, les enjeux fondamentaux restent les mêmes, et j'ai donc choisi de traiter ici explicitement les nombres calculables, qui font intervenir les techniques les moins lourdes. J'espère publier sous peu un article concernant l'étude des relations entre nombres calculables, fonctions, etc. J'y développerai une théorie des fonctions d'une variable réelle, revue dans la perspective de la calculabilité. Selon ma définition, un nombre est calculable si sa représentation décimale peut être écrite par une machine.

Dans les sections 9 et 10, j'expose quelques arguments dans l'intention de montrer que les nombres calculables incluent tous les nombres que l'on aurait naturellement tendance à considérer comme calculables. Je démontre en particulier que certaines grandes catégories de nombres sont calculables : les parties réelles des nombres algébriques et des zéros des fonctions de Bessel, π, e, etc. Un nombre définissable n'est cependant pas forcément un nombre calculable, et je présenterai dans la section 8 un nombre définissable qui n'est pas calculable.

---

1. Un nombre réel, en notation décimale, est représenté par une suite infinie de chiffres ($\pi = 3,14159...$). Dire que cette représentation est calculable avec des moyens finis, c'est dire, en termes modernes, qu'il existe un programme qui affiche cette suite de chiffres. Cette opération prend par essence un temps infini *(NdT)*.

La machine de Turing

L'ensemble des nombres calculables est immense, et comparable à bien des égards à celui des réels, mais il est pourtant dénombrable. J'examine dans la section 8 certains arguments qui semblent prouver le contraire. En utilisant judicieusement l'un de ces arguments, nous aboutirons à des conclusions qui ressemblent superficiellement à celles de Gödel[a]. Ces résultats ont des applications importantes. En particulier, je démontre dans la section 11 que le problème de la décision de Hilbert (*Entscheidungsproblem*) ne peut avoir de solution.

Dans un récent article[b], Alonzo Church introduit l'idée de « calculabilité effective », équivalente à ma « calculabilité », quoique définie très différemment. Church débouche sur des conclusions similaires concernant le problème de la décision[c]. La démonstration de l'équivalence entre ma calculabilité et la λ-définissabilité de Church est esquissée en appendice[2].

---

   a. K. Gödel, « Sur les propositions formellement indécidables des *Principia Mathematica* et des systèmes apparentés I », *Monatshefte Math. Phys.*, 38 (1931), 173-198 (trad. fr. de J.B. Scherrer, *Le Théorème de Gödel*, Éd. du Seuil, 1989).
   b. A. Church, « An unsolvable problem of elementary number theory », *American Journal of Math.*, 58 (1936), 345-363.
   c. A. Church, « A Note on the *Entscheidungsproblem* », *Journal of Symbolic Logic*, 1 (1936), p. 40-41.
   2. On a ici fait trois notions : d'une part, la notion intuitive de calculabilité (nommée calculabilité effective par Church, et calculabilité par Turing) ; d'autre part, celle, précise, de λ-définissabilité introduite par Church et Kleene ; enfin, celle de calculabilité au sens des machines de Turing (*computability* dans l'article original). La thèse de Church, émise dans l'article cité plus haut, consiste à identifier la première notion à la seconde, tandis que la thèse de Turing, présentée dans le présent article, identifie la première notion à la troisième. Les deux thèses, qui disent la même chose en vertu de l'équivalence mathématique des deux dernières notions, sont étayées par des arguments très différents. Church s'appuie sur une esthétique mathématique (l'équivalence de la λ-définissabilité et de la récursivité au sens de Herbrand-Gödel), tandis que Turing se fonde principalement sur une analyse des méthodes de calcul que peut mettre en œuvre un être humain *(NdT)*.

Théorie des nombres calculables

1. La machine à calculer

Nous avons dit qu'un nombre est calculable lorsque son expression décimale est calculable avec des moyens finis, définition que nous allons maintenant expliciter, sans tenter de la justifier avant la section 9. En attendant, je me contenterai de suggérer que cette définition est justifiée par le fait que la mémoire humaine est nécessairement limitée.

Un homme en train de calculer la valeur d'un nombre réel peut être comparé à une *machine* susceptible de se trouver dans un nombre fini d'états $q_1, q_2, \ldots, q_R$, que nous appellerons ses *m-configurations*. La machine est alimentée avec une *bande* (analogue au papier qu'utilise l'homme), divisée en sections (appelées *cases*), dans chacune desquelles peut être inscrit un *symbole*. Dans la case r est inscrit le symbole $S(r)$. A chaque instant, il n'y a qu'une seule case dans la machine : c'est la *case inspectée*, dans laquelle est inscrit le *symbole inspecté*, le seul dont la machine est pour ainsi dire « directement consciente ». Cependant, la machine peut garder trace de certains des symboles qu'elle aura vus (*inspectés*) précédemment en modifiant sa *m*-configuration. A chaque instant, la liste des comportements possibles de la machine est entièrement déterminée par sa *m*-configuration q_n et le symbole inspecté $S(r)$. Le couple $(q_n, S(r))$ est appelé la *configuration* de la machine, et c'est donc cette configuration qui détermine l'évolution possible de la machine, qui peut être, entre autres :

– l'inscription d'un nouveau symbole sur la case inspectée (si celle-ci était blanche) ;
– l'effacement du symbole inspecté, la case inspectée devenant blanche ;
– le changement de case inspectée (uniquement par passage à la case suivante ou précédente) ;
– le passage à une autre *m*-configuration.

La machine de Turing

Une partie des symboles inscrits sur la bande forme la séquence de chiffres qui compose la partie décimale du nombre réel calculé par la machine. Les autres symboles sont simplement des marques qui servent de « pense-bête ». Seuls ces derniers peuvent être effacés ou modifiés.

Ce que j'affirme, c'est que ces opérations englobent toutes celles qui peuvent être utilisées pour calculer la valeur d'un nombre. Il sera plus facile de défendre ce point de vue lorsque le lecteur sera familier avec la théorie des machines. Je développe donc cette théorie dans les sections suivantes, et je présumerai que le lecteur comprend les termes *machine*, *bande*, *case inspectée*, etc.

2. Définitions

Machine automatique

Si, à chaque étape, le comportement d'une machine est entièrement déterminé par sa seule configuration, nous parlerons de *machine automatique* (ou a-machine).

Dans certains cas, on peut avoir besoin d'une machine à choix (c-machine), dont le comportement ne dépend que partiellement de sa configuration (d'où la notion de liste de comportements possibles de la section 1) : lorsqu'une telle machine atteint une configuration ambiguë, un opérateur extérieur doit intervenir et faire un choix arbitraire pour que la machine puisse continuer son travail. Nous aurions besoin de ces machines pour travailler avec des systèmes axiomatiques. Dans cet article, je ne m'intéresse qu'aux machines automatiques, et j'omettrai donc souvent le préfixe a-.

Théorie des nombres calculables

Machine à calculer

Une *machine à calculer* est une *a*-machine qui imprime deux familles de symboles : la première famille (les chiffres) se limitant aux symboles 0 et 1, la seconde famille étant quelconque. Si une machine est mise en route avec une bande vierge à partir de sa *m*-configuration initiale, la suite des symboles de la première famille qu'elle imprime forme la *séquence calculée par la machine*. Le *nombre calculé par la machine* est le réel dont la représentation en notation décimale binaire[3] est obtenue en préfixant cette séquence d'une virgule.

A chaque étape, la *configuration complète* de la machine en fonctionnement est donnée par le numéro de la case inspectée, la séquence complète des symboles présents sur la bande et la *m*-configuration. Une *transition* est la modification de la machine et de la bande intervenant entre deux configurations complètes successives.

Machines cycliques et acycliques

Une machine qui n'écrit jamais qu'un nombre fini de symboles de la première famille est dite *cyclique*. Dans le cas contraire, elle est dite *acyclique*.

Ainsi, une machine est cyclique si elle atteint une configuration à partir de laquelle plus aucun mouvement n'est possible ; de même, si elle continue à fonctionner en n'imprimant plus rien, ou seulement des symboles de la deuxième

---

3. Le terme est ambigu. Pour être précis, si $a_1 a_2 \ldots a_n \ldots$ est la séquence calculée, le nombre calculé est alors $a_1/2 + a_2/4 + \ldots + a_n/2^n + \ldots$ Le choix de la base 2 (plutôt que 10) n'est pas indispensable, mais il capture les notions essentielles en limitant le nombre de symboles. Il n'est bien sûr pas lié à la structure à venir des ordinateurs, qui ne savent parler qu'en base 2 à la naissance *(NdT)*.

La machine de Turing

famille. Nous aurons l'occasion d'expliquer l'importance de cette notion dans la section 8.

Séquence calculable et nombre calculable

Une séquence est dite *calculable* s'il existe une machine acyclique qui la calcule. Un nombre est dit *calculable* s'il existe une machine acyclique qui calcule sa partie décimale.

Pour éviter toute confusion, nous parlerons plus souvent de séquences calculables que de nombres calculables.

3. Exemples de machines à calculer

I. Pour calculer la séquence 010101..., on peut envisager une machine à quatre m-configurations – b, c, e, f – capable d'imprimer les symboles 0 et 1. Le comportement de la machine est décrit au moyen de la table suivante, dans laquelle les signes de la colonne « Opérations » signifient :

D (respectivement G) : la machine se déplace de façon à inspecter la case immédiatement à droite (respectivement à gauche) de celle qui était inspectée précédemment ;

E : le symbole inspecté est effacé ;

I : inscrit le symbole indiqué dans la case inspectée.

Cette table (ainsi que toutes celles qui suivent) doit se comprendre de la façon suivante : lorsque la machine se trouve dans une configuration décrite dans les deux colonnes de gauche d'une ligne donnée, elle suit les instructions de la troisième colonne dans l'ordre, puis se place dans la m-configuration indiquée dans la dernière colonne. Lorsque la deuxième

Théorie des nombres calculables

colonne est vide, cela signifie que la ligne s'applique quel que soit le contenu de la case inspectée. La machine démarre dans la *m*-configuration *b* avec une bande entièrement vierge.

Configuration		Comportement	
m-*config.*	*symbole*	*opérations*	m-*config. résultante*
b	aucun	I0, D	*c*
c	aucun	D	*e*
e	aucun	I1, D	*f*
f	aucun	D	*b*

Si nous nous autorisons à utiliser les instructions G et D plus d'une fois par ligne (contrairement aux définitions de la section 1), nous pouvons simplifier considérablement la table ci-dessus, pour obtenir :

m-*config.*	*symbole*	*opérations*	m-*config. résultante*
b	aucun	I0	*b*
	0	D, D, I1	*b*
	1	D, D, I0	*b*

II. Pour prendre un exemple légèrement plus compliqué, nous pouvons construire une machine qui calcule la séquence 001011011101111011111... Une telle machine aura 5 *m*-configurations – *o*, *q*, *p*, *f*, *b* – et pourra imprimer ◊, x, 0, et 1. Les trois premiers symboles sur la bande seront ◊◊0. Les chiffres suivants seront inscrits dans une case sur deux, tandis que les cases intermédiaires ne serviront qu'à inscrire des x. Ces x sont des marques qui permettent à la machine de savoir « où elle en est », avant de les effacer lorsqu'elles ne sont plus nécessaires. D'autre part, nous nous arrangeons pour que la séquence de chiffres dans les cases alternées ne soit jamais interrompue par un blanc.

La machine de Turing

m-config.	symbole	opérations	m-config. résultante
b		I◊, D, I◊, D, I0, D, D, I0, G, G	o
o	1	D, Ix, G, G, G	o
	0		q
q	quelconque (0 ou 1)	D, D	q
	aucun	I1, G	p
p	x	E, D	q
	◊	D	f
	aucun	G, G	p
f	quelconque	D, D	f
	aucun	I0, G, G	o

Nous donnons ci-dessous une suite des premières configurations complètes de la machine pour illustrer son fonctionnement. Pour chacune d'elles, nous représentons la séquence de symboles présents sur la bande, et la *m*-configuration courante sous le symbole inspecté. Les configurations complètes successives sont séparées par « : ».

$$\underset{b}{\boxed{\_}} : \underset{o}{\boxed{◊\,◊\,0\,\_\,0}} : \underset{q}{\boxed{◊\,◊\,0\,\_\,0}} : \underset{q}{\boxed{◊\,◊\,0\,\_\,0}} : \underset{q}{\boxed{◊\,◊\,0\,\_\,0\,\_}} : \underset{p}{\boxed{◊\,◊\,0\,\_\,0\,\_\,1}} :$$

$$\underset{p}{\boxed{◊\,◊\,0\,\_\,0\,\_\,1}} : \underset{p}{\boxed{◊\,◊\,0\,\_\,0\,\_\,1}} : \underset{f}{\boxed{◊\,◊\,0\,\_\,0\,\_\,1}} : \underset{f}{\boxed{◊\,◊\,0\,\_\,0\,\_\,1}} : \underset{f}{\boxed{◊\,◊\,0\,\_\,0\,\_\,1}}$$

$$: \underset{f}{\boxed{◊\,◊\,0\,\_\,0\,\_\,1\,\_}} : \underset{o}{\boxed{◊\,◊\,0\,\_\,0\,\_\,1\,\_\,0}} : \underset{o}{\boxed{◊\,◊\,0\,\_\,0\,\_\,1\,x\,0}}$$

Nous pouvons aussi écrire cette suite en insérant la *m*-configuration immédiatement à gauche du symbole inspecté, ce qui donne :

$$\boxed{b\_\ :\ ◊\,◊\,o\,\_\,0\ :\ ◊\,◊\,q\,0\,\_\,0\ :\ ...} \qquad (C)$$

Cette forme est moins facile à suivre, mais nous l'utiliserons par la suite à des fins théoriques.

Il est pratique d'inscrire les chiffres en sautant une case sur deux, et je me plierai toujours à cette convention. J'appellerai ces cases les C-cases, et les cases sautées les E-cases, ces der-

Théorie des nombres calculables

nières étant les seules à pouvoir être effacées. Les symboles des C-cases forment une séquence ininterrompue, sans aucun blanc jusqu'à la fin. Il n'est pas nécessaire d'avoir plus d'une E-case entre deux C-cases. En effet, un tel besoin peut toujours être compensé par le choix d'une variété suffisamment riche de symboles imprimables dans les E-cases existantes. Si un symbole β est dans une C-case S, et qu'un symbole α est dans la E-case à droite de S, on dira alors que β et S sont marqués avec α. On dira que l'on *marque β (ou S) avec α* lorsqu'on imprime α sur la case à droite de S.

4. Tables abrégées

Certains types de traitements sont utilisés dans presque toutes les machines, et peuvent revenir souvent dans une même machine. Citons, par exemple, la recopie et la comparaison de séquences de symboles, ou l'effacement de tous les symboles répondant à un critère donné. Lorsqu'une machine doit effectuer ce genre de traitements, nous pouvons simplifier considérablement sa table en utilisant des « tables types ». Une table type fait intervenir des lettres majuscules et des lettres grecques minuscules, qui sont les unes et les autres des « variables ». En remplaçant chaque lettre majuscule par une m-configuration, et chaque lettre grecque par un symbole, nous obtenons la table pour une m-configuration.

Il faut noter que les tables types ne sont rien de plus que des abréviations qui n'ont rien d'essentiel. Il n'est donc pas nécessaire d'en donner une définition exacte ; il suffit que le lecteur comprenne comment obtenir les tables complètes à partir des tables types.

Considérons l'exemple suivant :

La machine de Turing

m-*config.*	symbole	opérations	m-*config. résultante*
$f(\mathcal{E}, \mathcal{B}, \alpha)$	$\Diamond$	G	$f_1(\mathcal{E}, \mathcal{B}, \alpha)$
	non $\Diamond$	G	$f(\mathcal{E}, \mathcal{B}, \alpha)$
$f_1(\mathcal{E}, \mathcal{B}, \alpha)$	α		$\mathcal{E}$
	non α	D	$f_1(\mathcal{E}, \mathcal{B}, \alpha)$
	aucun	D	$f_2(\mathcal{E}, \mathcal{B}, \alpha)$
$f_2(\mathcal{E}, \mathcal{B}, \alpha)$	α		$\mathcal{E}$
	non α	D	$f_1(\mathcal{E}, \mathcal{B}, \alpha)$
	aucun	D	$\mathcal{B}$

A partir de la m-configuration $f(\mathcal{E}, \mathcal{B}, \alpha)$, la machine trouve le symbole noté α qui est le plus à gauche sur la bande (« le premier α »), et se met dans la m-configuration $\mathcal{E}$. S'il n'y a pas de α, la m-configuration devient $\mathcal{B}$.

Si l'on remplace les variables par des m-configurations et des symboles, par exemple $\mathcal{E}$ par q, $\mathcal{B}$ par r, et α par x, on obtient une table complète qui part de la m-configuration $f(q, r, x)$. On dira que f est une « fonction de m-configuration », ou « m-fonction ».

Dans une m-fonction, une variable ne peut être remplacée que par un symbole ou une m-configuration de la machine. Ces derniers doivent d'ailleurs être énumérés plus ou moins explicitement, et certaines m-configurations peuvent être de la forme $p(e, x)$; il est même nécessaire que certaines m-configurations soient de cette forme s'il est fait un quelconque usage de m-fonctions. Si l'on n'insistait pas sur cette énumération explicite, et se contentait de dire que la machine a un certain nombre de m-configurations (énumérées), ainsi que toutes les m-configurations obtenues par substitution de m-configuration dans certaines m-fonctions, il en résulterait en général une infinité de m-configurations. Ainsi, une machine qui aurait la m-configuration q et toutes celles obtenues en substituant une m-configuration quelconque à $\mathcal{E}$ dans $p(\mathcal{E})$ aurait alors les m-configurations q, $p(q)$, $p(p(q))$, $p(p(p(q)))$, etc.

Théorie des nombres calculables

Notre règle d'interprétation est donc la suivante : si l'on nous fournit les noms des m-configurations d'une machine donnée (la plupart exprimées en termes de m-fonctions) et des tables types, la seule chose qui nous intéresse est la table complète pour toutes les m-configurations de la machine. Nous obtenons cette table par substitutions successives des variables dans les tables types.

Quelques exemples supplémentaires[4]

Nous utiliserons dans les explications ci-dessous le signe → en lieu et place de la phrase « la machine se met dans la m-configuration… ».

m-*config.*	*symbole*	*opérations*	m-*config. résultante*
$e(\mathcal{E}, \mathcal{B}, \alpha)$			$f(e_1(\mathcal{E}, \mathcal{B}, \alpha)$[5]$, \mathcal{B}, \alpha)$
$e_1(\mathcal{E}, \mathcal{B}, \alpha)$		E	$\mathcal{E}$
$e(\mathcal{B}, \alpha)$[6]			$e(e(\mathcal{B}, \alpha), \mathcal{B}, \alpha)$

[*erase*][7] : à partir de la m-configuration $e(\mathcal{E}, \mathcal{B}, \alpha)$, le premier α est effacé et → $\mathcal{E}$, ou → $\mathcal{B}$ s'il n'y a pas de α.
A partir de $e(\mathcal{B}, \alpha)$, tous les symboles α sont effacés et → $\mathcal{B}$.

Ce dernier exemple est plus délicat à interpréter que les précédents. Imaginons donc que dans la liste des m-configurations d'une certaine machine apparaît $e(b, x)$. Par substitution, nous avons :

---

4. Certaines de ces m-fonctions seront utilisées dans la description de la machine universelle dans la section 7 *(NdT)*.
5. Dans les langages de programmation classiques, on évalue en général les termes de l'intérieur vers l'extérieur. Il n'en va pas de même ici : la machine exécute le code de la m-fonction f, et ce n'est que si elle trouve un α qu'elle se retrouve dans la m-configuration $e_1(E, B, \alpha)$, efface un symbole, et → E *(NdT)*.
6. Une même lettre (ici e) peut servir à dénommer des m-fonctions différentes suivant le nombre d'arguments qui lui est passé *(NdT)*.
7. Lorsque cela est possible, nous indiquons entre crochets le terme dont le nom de la fonction est probablement le mnémonique *(NdT)*.

La machine de Turing

$e(b, x)$	$e(e(b, x), b, x)$

Ou, en posant $e(b, x) = q$:

q	$e(q, b, x)$

Ou encore, de manière plus détaillée :

q		$e(q, b, x)$
$e(q, b, x)$		$f(e_1(q, b, x), b, x)$
$e_1(q, b, x)$	E	q

De là, on pourrait encore substituer q' à $e_1(q, b, x)$, et rajouter la table de f (en opérant les substitutions adéquates), pour obtenir en fin de compte une table complète où il n'apparaîtrait plus aucune *m*-fonction.
Voici d'autres exemples :

m-*config.*	*symbole*	*opérations*	m-*config. résultante*
$\boxed{pe(\mathcal{E}, \beta)}$			$f(pe_1(\mathcal{E}, \beta), \mathcal{E}, \Diamond)$
$pe_1(\mathcal{E}, \beta)$	$\{$ quelconque	D, D	$pe_1(\mathcal{E}, \beta)$
	aucun	Iβ	$\mathcal{E}$

[*print at end*] $pe(\mathcal{E}, \beta)$: la machine imprime β à la fin de la séquence de symbole et $\rightarrow \mathcal{E}$.

$l(\mathcal{E})$		G	$\mathcal{E}$
$r(\mathcal{E})$		D	$\mathcal{E}$
$\boxed{f'(\mathcal{E}, \mathcal{B}, \alpha)}$			$f(l(\mathcal{E}), \mathcal{B}, \alpha)$
$\boxed{f''(\mathcal{E}, \mathcal{B}, \alpha)}$			$f(r(\mathcal{E}), \mathcal{B}, \alpha)$
$\boxed{c(\mathcal{E}, \mathcal{B}, \alpha)}$			$f'(c_1(\mathcal{E}), \mathcal{B}, \alpha)$
$c_1(\mathcal{E})$	β		$pe(\mathcal{E}, \beta)$

[*find*] $f'(\mathcal{E}, \mathcal{B}, \alpha)$ (respectivement $f''(\mathcal{E}, \mathcal{B}, \alpha)$) : la machine se déplace immédiatement à gauche (respectivement à droite) du premier α et $\rightarrow \mathcal{E}_1$, ou $\rightarrow \mathcal{B}$ s'il n'y a pas de α.
[*copy*] $c(\mathcal{E}, \mathcal{B}, \alpha)$: la machine imprime le premier symbole marqué avec α à la fin de la séquence de symboles et $\rightarrow \mathcal{E}$.

Théorie des nombres calculables

La ligne où apparaît β dans la colonne *symbole* engendre une ligne différente pour chaque symbole susceptible d'apparaître sur la bande de la machine concernée.

m-*config.*	symbole	opérations	m-*config. résultante*
$ce(\mathcal{E}, \mathcal{B}, \alpha)$			$c(e(\mathcal{E}, \mathcal{B}, \alpha), \mathcal{B}, \alpha)$
$\boxed{ce(\mathcal{B}, \alpha)}$			$ce(ce(\mathcal{B}, \alpha), \mathcal{B}, \alpha)$

[*copy erase*] $ce(\mathcal{B}, \alpha)$: la machine recopie dans l'ordre à la fin de la bande tous les symboles marqués avec α, efface les marques, et $\to \mathcal{B}$.

$\boxed{re(\mathcal{E}, \mathcal{B}, \alpha, \beta)}$			$f(re_1(\mathcal{E}, \mathcal{B}, \alpha, \beta), \mathcal{B}, \alpha)$
$re_1(\mathcal{E}, \mathcal{B}, \alpha, \beta)$		E, Iβ	$\mathcal{E}$
$\boxed{re(\mathcal{B}, \alpha, \beta)}$			$re(re(\mathcal{B}, \alpha, \beta), \mathcal{B}, \alpha, \beta)$

[*replace*] $re(\mathcal{E}, \mathcal{B}, \alpha, \beta)$: la machine remplace le premier α par β et $\to \mathcal{E}$, ou $\to \mathcal{B}$ s'il n'y a pas de α sur la bande. $re(\mathcal{B}, \alpha, \beta)$: la machine remplace tous les α par β, et $\to \mathcal{B}$.

$cr(\mathcal{E}, \mathcal{B}, \alpha)$			$c(re(\mathcal{E}, \mathcal{B}, \alpha, a, a), \mathcal{B}, \alpha)$
$\boxed{cr(\mathcal{B}, \alpha)}$			$cr(cr(\mathcal{B}, \alpha), re(\mathcal{B}, a, \alpha), \alpha)$

$cr(\mathcal{B}, \alpha)$: fait la même recopie que $ce(\mathcal{B}, \alpha)$, mais n'efface pas les marques α. Le symbole a ne doit pas être déjà présent sur la bande.

$\boxed{cp(\mathcal{E}_1, \mathcal{U}, \mathcal{E}, \alpha, \beta)}$			$f'(cp_1(\mathcal{E}_1, \mathcal{U}, \beta), f(\mathcal{U}, \mathcal{E}, \beta), \alpha)$
$cp_1(\mathcal{E}, \mathcal{U}, \beta)$	γ		$f'(cp_2(\mathcal{E}, \mathcal{U}, \gamma), \mathcal{U}, \beta)$
$cp_2(\mathcal{E}, \mathcal{U}, \gamma)$	$\{\gamma$		$\mathcal{E}$
	non γ		$\mathcal{U}$

[*compare*] $cp(\mathcal{E}_1, \mathcal{U}, \mathcal{E}, \alpha, \beta)$: compare le premier symbole marqué avec α et le premier symbole marqué avec β, et $\to \mathcal{E}$ s'il n'y a ni α ni β sur la bande, et $\to \mathcal{E}_1$ si les symboles sont égaux, sinon $\to \mathcal{U}$.

La machine de Turing

| $cpe(\mathcal{E}_1, \mathcal{U}, \mathcal{E}, \alpha, \beta)$ | $cp(e(e(\mathcal{E}_1, \mathcal{E}, \beta), \mathcal{E}, \alpha), \mathcal{U}, \mathcal{E}, \alpha, \beta)$ |
| $\boxed{cpe(\mathcal{U}, \mathcal{E}, \alpha, \beta)}$ | $cpe(cpe(\mathcal{U}, \mathcal{E}, \alpha, \beta), \mathcal{U}, \mathcal{E}, \alpha, \beta)$ |

[*compare erase*] $cpe(\mathcal{E}_1, \mathcal{U}, \mathcal{E}, \alpha, \beta)$: fait la même comparaison, et efface les premiers α et β en cas d'égalité.

$cpe(\mathcal{U}, \mathcal{E}, \alpha, \beta)$: compare la séquence de symboles marqués avec α et celle marquée avec β, et $\rightarrow \mathcal{E}$ si elles sont égales, ou $\rightarrow \mathcal{U}$ dans le cas contraire. Certains des α et β sont effacés pendant cette manœuvre.

$q(\mathcal{E})$	{ quelconque	D	$q(\mathcal{E})$
	aucun	D	$q_1(\mathcal{E})$
$q_1(\mathcal{E})$	{ quelconque	D	$q(\mathcal{E})$
	aucun		$\mathcal{E}$
$\boxed{q(\mathcal{E}, \alpha)}$			$q(q_1(\mathcal{E}, \alpha))$
$q_1(\mathcal{E}, \alpha)$	{ α		$\mathcal{E}$
	non α	G	$q_1(\mathcal{E}, \alpha)$

$q(E, \alpha)$: trouve le dernier α sur la bande, et $\rightarrow E$.

$pe_2(\mathcal{E}, \alpha, \beta)$	$pe(pe(\mathcal{E}, \beta), \alpha)$
$ce_2(\mathcal{B}, \alpha, \beta)$	$ce(ce(\mathcal{B}, \beta), \alpha)$
$ce_3(\mathcal{B}, \alpha, \beta, \gamma)$	$ce(ce_2(\mathcal{B}, \beta, \gamma), \alpha)$

$pe_2(\mathcal{E}, \alpha, \beta)$: imprime $\alpha\beta$ sur les deux dernières C-cases de la bande.
$ce_3(\mathcal{B}, \alpha, \beta, \gamma)$: recopie à la fin de la bande les symboles marqués avec α, puis ceux marqués avec β, et enfin ceux marqués avec γ. Efface les marques, puis $\rightarrow \mathcal{B}$.

$e(\mathcal{E})$	{ $\Diamond$	D	$e_1(\mathcal{E})$
	non $\Diamond$	G	$e(\mathcal{E})$
$e_1(\mathcal{E})$	{ quelconque	D, E, D	$e_1(\mathcal{E})$
	aucun		$\mathcal{E}$

$e(\mathcal{E})$: efface toutes les marques sur les $\mathcal{E}$-cases de la bande, et $\rightarrow \mathcal{E}$.

5. Énumération des séquences calculables

Une séquence calculable γ est déterminée par la description d'une machine qui calcule cette séquence. Ainsi, la table de la page 56 détermine la séquence 0010110111101111... En fait, toute séquence calculable peut être décrite au moyen d'une table de ce genre.

Par conséquent, il nous sera utile de réécrire une telle table dans un format standard. Dans un premier temps, nous supposerons que celle-ci se présente comme la première table de cet article (p. 55), à savoir que les seules opérations de la troisième colonne sont, en plus de l'opération nulle (N) : E – E, D – E, G – Iα – Iα, D – Iα, G – D – G. Les tables décrites dans des formes moins restrictives peuvent facilement être réécrites de cette manière en introduisant de nouvelles m-configurations. A partir de là, nous numérotons les m-configurations q_1, q_2, ..., q_R, comme indiqué dans la section 1, la m-configuration initiale étant toujours q_1. De la même manière, nous numérotons les symboles S_1, ..., S_m, avec, en particulier, dans toutes les tables, S_0 = blanc, S_1 = 0, S_2 = 1. Avec ces notations une ligne de la table prend l'une des trois formes suivantes (avec i, j, k, m quelconques) :

m-*config.*	symbole	opération	m-*config. résultante*	
q_i	S_j	I S_k, G	q_m	(N_1)
q_i	S_j	I S_k, D	q_m	(N_2)
q_i	S_j	I S_k	q_m	(N_3)

Une ligne comme

q_i	S_j	E, D	q_m

peut être réécrite de la façon suivante :

q_i	S_j	I S_0, D	q_m

La machine de Turing

Et une ligne comme

m-*config.*	symbole	opération	m-*config. résultante*
q_i	S_j	D	q_m

peut être réécrite :

q_i	S_j	I S_j, D	q_m

De cette manière, nous réduisons chaque ligne de la table à une ligne de la forme (N_1), (N_2) ou (N_3).

A partir de chaque ligne de la forme (N_1), nous formons l'expression $q_i S_j S_k G q_m$. A partir de chaque ligne de la forme (N_2), nous formons l'expression $q_i S_j S_k D q_m$. A partir de chaque ligne de la forme (N_3), nous formons l'expression $q_i S_j S_k N q_m$.

Écrivons maintenant à la suite toutes les expressions formées de cette manière à partir de la table de la machine, en les séparant par des points-virgules. Nous obtenons ainsi une description complète de la machine. Enfin, remplaçons partout q_i par la lettre C suivie de *i* fois la lettre A, et S_j par la lettre C suivie de *j* fois la lettre B. Nous appellerons cette nouvelle description la *description standard* (DS) de la machine. Cette description est composée uniquement des caractères A, B, C, G, D, N, et « ; ».

Finalement, substituons des chiffres aux caractères : 1 pour A, 2 pour B, 3 pour C, 4 pour G, 5 pour D, 6 pour N, 7 pour « ; ». Nous obtenons une description de la machine sous la forme d'une suite de chiffres arabes. L'entier que cette suite représente sera appelé le *nombre descriptif* (ND) de la machine. Le ND détermine la DS et la structure de la machine de manière univoque, et on notera $\mathcal{M}(n)$ la machine dont le ND est *n*.

A une séquence calculable correspond au moins un nombre descriptif, tandis qu'à un nombre descriptif correspond au plus une séquence calculable. Par conséquent, l'ensemble des séquences calculables (tout comme l'ensemble des nombres calculables) est dénombrable.

Théorie des nombres calculables

Pour fixer les idées, calculons le nombre descriptif de la machine *I* de la section 3. La première étape consiste à renommer les *m*-configurations et les symboles, pour obtenir la table suivante :

q_1	S_0	I S_1, D	q_2
q_2	S_0	I S_0, D	q_3
q_3	S_0	I S_2, D	q_4
q_4	S_0	I S_0, D	q_1

On obtient à partir de cette table la première forme standard de la machine :

$q_1 S_0 S_1 D q_2 ; q_2 S_0 S_0 D q_3 ; q_2 S_0 S_2 D q_4 ; q_4 S_0 S_0 D q_1 ;$

puis la description standard :

CACCBDCAA ; CAACCDCAAA ; CAAACCBBDCAAAA ; CAAAACCDCA ;

et pour finir, par substitution, un nombre descriptif de la machine :

3133253117311335311173111332253111173111335317.

Ce nombre descriptif est associé à la séquence calculable 0101..., mais nous pouvons faire correspondre à cette séquence un autre nombre descriptif, en ajoutant par exemple la ligne inutile suivante à la fin de la table ci-dessus :

q_1	S_1	I S_1, D	q_2

Pour obtenir alors le ND suivant :

31332531173113353111731113322531111731111335317313232532117.

Un nombre est dit *satisfaisant* s'il est le nombre descriptif d'une machine acyclique. Dans la section 8, nous montrerons qu'il n'existe pas de procédure générale pour décider si un nombre est satisfaisant ou s'il ne l'est pas.

La machine de Turing

6. La machine à calculer universelle

Il est possible d'inventer une unique machine U utilisable pour calculer n'importe quelle séquence calculable. Si on fournit à cette machine une bande au début de laquelle est inscrite la DS d'une machine à calculer quelconque $\mathcal{M}$, la machine U calcule alors la séquence que $\mathcal{M}$ calculerait si elle était construite. Je donne ici les grandes lignes du fonctionnement de U, dont la table complète est détaillée dans la section suivante.

Supposons tout d'abord que nous disposons d'une machine $\mathcal{M}'$, qui inscrit dans les C-cases la suite des configurations complètes de $\mathcal{M}$. Celles-ci peuvent être exprimées sur une seule ligne en utilisant, par exemple, le modèle (C) de la page 56. Nous pouvons faire mieux encore, en effectuant la même transformation que dans la section 5 : une m-configuration est remplacée par C suivi du nombre adéquat de A, et un symbole est remplacé par C suivi du nombre adéquat de B. Les nombres de A et de B doivent être les mêmes que ceux qui ont été choisis dans la section 5, de façon que, en particulier, C = blanc, CB = 0, et CBB = 1. Il faut noter qu'il est important de réaliser ces substitutions après que les m-configurations ont été concaténées, comme dans (C). Des difficultés surviennent si nous réalisons d'abord les substitutions, car les blancs de chaque configuration complète doivent alors tous être remplacés par des C, si bien qu'une configuration complète ne peut être décrite au moyen d'une séquence finie de symboles.

A titre d'exemple, reprenons la description de la machine *II* de la section 3, et substituons CAA à o, CBBB à $\lozenge$, et CAAA à q. La séquence (C) devient :

CA:CBBBCBBBCAACBCCB:CBBBCBBBCAAACBCCB:... (C_1)

Théorie des nombres calculables

(c'est la séquence de symboles qui se trouvent sur les C-cases).

A partir de là, il n'est pas difficile de voir que si $\mathcal{M}$ peut être construite, il en est de même pour $\mathcal{M}'$. La machine $\mathcal{M}'$ va effectuer chaque pas du calcul en se référant aux règles (c'est-à-dire à la DS) de la machine $\mathcal{M}$, incluses d'une manière ou d'une autre dans $\mathcal{M}'$. Si l'on imagine que ces règles peuvent être retirées et remplacées par d'autres, on obtient quelque chose qui commence à ressembler beaucoup à la machine universelle.

Il manque encore quelque chose : telle quelle, la machine $\mathcal{M}'$ n'imprime pas de chiffres. Nous pouvons corriger ce problème en imprimant entre deux configurations complètes successives les chiffres apparus dans la plus récente des deux[8]. La séquence (C_1) ainsi remaniée devient :

```
CCA:0:0:CBBBCBBBCAACBCCB:CBBBCBBBCAAACBCCB:CBBB...
```
(C_2)

Il n'est pas évident *a priori* que les E-cases soient en nombre suffisant pour effectuer le « gros œuvre » nécessaire, mais c'est pourtant le cas.

La séquence de lettres comprise entre deux « : » dans une expression telle que (C_1) peut être utilisée comme la descrip-

---

[8]. Ceci est suffisant, car il est requis implicitement d'une machine qu'elle suive les conventions suivantes pour les C-cases : n'y inscrire que des chiffres, ne pas les effacer et ne pas laisser de blancs dans la séquence. Ces restrictions conduisent néanmoins à des difficultés théoriques inutiles, car il n'existe pas de procédure générale pour déterminer si un nombre est le ND d'une machine qui obéit à ces conventions (ce problème est aussi dur que les problèmes indécidables vus plus loin). Plus précisément, l'ensemble des nombres qui décrivent les machines n'obéissant pas à ces conventions est récursivement énumérable (il existe une procédure générale qui dit « oui » si on lui présente un nombre appartenant à cet ensemble), mais non récursif (si on présente un nombre n'appartenant pas au dit ensemble, il n'est pas garanti que la procédure en question donne jamais une réponse). Si l'on abandonne ces conventions (qui ne sont que des pratiques de programmeur), on retrouve un ensemble récursif (car il ne reste alors qu'une vérification syntaxique à effectuer). On consultera E. Post, « Recursive Unsolvability of a Problem of Thue », *The Journal of Symbolic Logic*, vol. 12 (1947), p. 1-11 *(NdT)*.

La machine de Turing

tion standard d'une configuration complète. Si nous remplaçons les lettres par des chiffres comme dans la section 5, nous obtenons la description d'une configuration complète sous la forme d'un entier, que nous pourrons appeler son nombre descriptif.

7. Description détaillée de la machine universelle

Nous donnons ci-dessous la table qui décrit le fonctionnement de la machine universelle. La liste de toutes ses m-configurations n'est pas donnée explicitement : on l'obtiendra en notant toutes les m-configurations qui apparaissent dans la première et la dernière colonne de la table, ainsi que celles qui viennent du développement des m-fonctions. Ainsi, $e(anf)$ apparaît dans la table et est une m-fonction. Par substitution, on obtient :

$e(anf)$ {	◊	D	$e_1(anf)$
	non ◊	G	$e(anf)$
$e_1(anf)$ {	quelconque	D, E, D	$e_1(anf)$
	aucun		anf

En conséquence, $e_1(anf)$ est une m-configuration de U.
Lorsque U est mise en route, la séquence de symboles présente sur la bande est la suivante :
– « ◊◊ » (l'un dans une C-case, l'autre dans la E-case adjacente) ;
– la DS de la machine dont on souhaite simuler le fonctionnement dans des C-cases uniquement ;
– « ‡ », sur la C-case qui suit immédiatement la DS.

La DS est composée d'un certain nombre d'instructions séparées par des points-virgules. Chaque instruction est composée de cinq parties consécutives sur la bande :

Théorie des nombres calculables

– un C suivi d'un certain nombre de A, qui décrit la *m*-configuration pertinente ;
– un C suivi d'un certain nombre de B, qui décrit le symbole inspecté ;
– un C suivi d'un certain nombre de B, qui indique le symbole à inscrire dans la case inspectée ;
– G ou D ou N, qui indique le déplacement de la machine (vers la gauche, vers la droite, ou pas de déplacement) ;
– un C suivi d'un certain nombre de A pour indiquer dans quelle *m*-configuration doit se retrouver la machine après l'opération.

La machine $\mathcal{U}$ doit pouvoir imprimer les symboles suivants : A, B, C, 0, 1, u, v, w, x, y, z. La DS de la machine donnée en argument est composée uniquement des symboles A, B, C, D, G et N.

Table auxiliaire

$con(\mathcal{E}, \alpha)$	non A	D, D	$con(\mathcal{E}, \alpha)$
	A	G, Iα, D	$con_1(\mathcal{E}, \alpha)$
$con_1(\mathcal{E}, \alpha)$	A	D, Iα, D	$con_1(\mathcal{E}, \alpha)$
	C	D, Iα, D	$con_2(\mathcal{E}, \alpha)$
$con_2(\mathcal{E}, \alpha)$	B	D, Iα, D	$con_2(\mathcal{E}, \alpha)$
	non B	D, D	$\mathcal{E}$

[*configuration*] $con(\mathcal{E}, \alpha)$: la machine doit être sur une C-case. Elle marque avec α toutes les cases qui définissent la première configuration (une *m*-configuration et un symbole) trouvée à droite de la case inspectée, et → $\mathcal{E}$. L'appel con($\mathcal{E}$,) place la machine sur la quatrième case qui suit la séquence trouvée, dont les marques sont effacées le cas échéant.

La machine de Turing

La table de U

b	$f(b_1, b_1, ‡)$
b_1	D, D, I :, D, D, I C, D, D, I A *anf*

[*begin*] b : la machine inscrit : DA sur les C-cases juste après le ‡, et → *anf*.

anf				$g(anf_1, :)$
anf_1				$con(fom, y)$
	{	;	D, Iz, G	$con(fmp, x)$
fom	{	z	G, G	*fom*
	{	ni z ni ;	G	*fom*
fmp				$cpe(e(fom, x, y), sim, x, y)$

anf : la machine marque avec y la configuration de la dernière configuration complète, et → *fom*.

fom : la machine trouve le dernier point-virgule qui n'est pas marqué avec z, le marque avec z, et la configuration qui suit avec x, puis → *fmp*.

fmp : la machine compare la séquence marquée avec x et celle marquée avec y, en effaçant les x et les y. Puis → *sim* si les séquences sont égales, sinon → *fom*.

D'un point de vue global, à partir de *anf*, la machine trouve l'instruction dont la configuration correspond à la situation dans la dernière configuration complète, puis → *sim*. Cette instruction est celle qui suit le dernier point-virgule marqué avec z.

sim				$f'(sim_1, sim_1, z)$
sim_1				$con(sim_2,)$
	{	A		sim_3
sim_2	{	non A	D, Iu, D, D, D	sim_2
	{	non A	G, Iy	$e(mf, z)$
sim_3	{	A	G, Iy, D, D, D	sim_3

Théorie des nombres calculables

[*simulate*] *sim* : la machine marque avec u les instructions à suivre (la direction de déplacement et le symbole à imprimer), et la *m*-configuration finale avec y. Elle efface ensuite les z, et → *mf*.

mf				$g(mf, :)$
mf_1	{	non A	D, D	mf_1
		A	G, G, G, G	mf_2
mf_2	{	B	D, Ix, G, G, G	mf_2
		:		mf_4
		C	D, Ix, G, G, G	mf_3
mf_3	{	non :	D, Iv, G, G, G	mf_3
		:		mf_4
mf_4				$con(l\ (l\ (mf_5)),)$
mf_5	{	quelconque	D, Iw, D	mf_5
		aucun	I :	*sh*

mf : la machine marque la dernière configuration complète de la bande de la manière suivante : le symbole immédiatement à gauche de la configuration est marqué avec x, toute la partie à gauche de ce symbole est marquée avec v, et la partie à droite de la configuration est marquée avec w, tandis que les marques de la configuration sont effacées. Un « : » est inscrit à la fin de la bande, et → *sh*.

sh				$f(sh_1, inst, u)$
sh_1			G, G, G	sh_2
sh_2	{	C	D, D, D, D	sh_2
		non C		*inst*
sh_3	{	B	D, D	sh_4
		non B		*inst*
sh_4	{	B	D, D	sh_5
		non B		$pe_2(inst, 0, :)$
sh_5	{	B		*inst*
		non B		$pe_2(inst, 1, :)$

[*show*] *sh* : si l'instruction (marquée avec u) implique l'impression d'un nouveau chiffre (0 ou 1), la machine

La machine de Turing

imprime 0 : ou 1 : à la fin de la bande. Dans tous les cas, → *inst*.

inst			$g(l\,(inst_1), \mathtt{u})$
$inst_1$	α	D, E	$inst_1(\alpha)$
$inst_1(\mathrm{G})$			$ce_5(ov, \mathtt{v}, \mathtt{y}, \mathtt{x}, \mathtt{u}, \mathtt{w})$
$inst_1(\mathrm{D})$			$ce_5(ov, \mathtt{v}, \mathtt{x}, \mathtt{u}, \mathtt{y}, \mathtt{w})$
$inst_1(\mathrm{N})$			$ce_5(ov, \mathtt{v}, \mathtt{x}, \mathtt{y}, \mathtt{u}, \mathtt{w})$
ov			$e(anf)$

inst : la nouvelle configuration complète est imprimée, modifiant selon les instructions de la machine simulée la *m*-configuration, la case inspectée, et le symbole inscrit sur la case précédemment inspectée. Les marques $\mathtt{u}, \mathtt{v}, \mathtt{w}, \mathtt{x}, \mathtt{y}$ sont effacées, et → *anf*.

8. Application du procédé diagonal

On pourrait penser que les arguments qui prouvent que l'ensemble des réels n'est pas dénombrable devraient permettre de montrer que l'ensemble des nombres ou des séquences calculables n'est pas dénombrable non plus[d]. On pourrait croire, par exemple, que la limite d'une suite de nombres calculables est toujours calculable. Or il est clair que cela n'est vrai que s'il existe une règle qui définit la suite en question.

On pourrait aussi appliquer le procédé diagonal. « Supposons que l'ensemble des séquences calculables est dénombrable. Notons α_n la *n*-ième séquence calculable, et $\phi_n(m)$ le *m*-ième chiffre de α_n. Soit alors β la séquence dont le *n*-ième chiffre est égal à $1 - \phi_n(n)$. Comme β est calculable, il existe

---

d. Cf. Hobson, *Theory of Functions of a Real Variable* (2ᵉ éd., 1921), p. 87-88.

Théorie des nombres calculables

un entier K tel que, quel que soit n, $1 - \phi_n(n) = \phi_K(n)$. En particulier, en prenant $n = K$, on obtient $1 = 2\phi_K(K)$, c'est-à-dire que 1 est pair. Cela est impossible. L'ensemble des nombres calculables n'est donc pas dénombrable. »

L'erreur de ce raisonnement réside dans l'affirmation que β est calculable. Cela serait vrai si nous pouvions énumérer les séquences calculables avec des moyens finis, mais ce problème d'énumération des séquences calculables est équivalent à celui qui consiste à déterminer si un nombre donné est le ND d'une machine acyclique, et il n'existe pas de procédure générale pour faire cela en un nombre fini d'étapes. En fait, nous allons voir qu'en utilisant correctement l'argument du procédé diagonal on peut montrer l'impossibilité d'une telle procédure.

La preuve la plus simple et la plus directe consiste à montrer que s'il existait une telle procédure, alors il existerait effectivement une machine qui calculerait β. Cette preuve, bien que parfaitement correcte, présente l'inconvénient qu'elle peut laisser au lecteur l'impression qu'il y a « quelque chose qui cloche ». Celle que je développerai ci-dessous ne présente pas cet inconvénient, et donne en plus un aperçu de l'importance de la notion de « machine acyclique ». Cette preuve n'est pas fondée sur la construction de β, mais de β', qui est la séquence dont le n-ième chiffre est $\phi_n(n)$.

Supposons qu'il existe une telle procédure, c'est-à-dire que nous pouvons inventer une machine $\mathcal{D}$, qui, lorsqu'on lui fournit la DS d'une machine à calculer quelconque $\mathcal{M}$, teste cette machine, et marque la DS avec le symbole « n » si $\mathcal{M}$ est cyclique ou « o » si $\mathcal{M}$ est acyclique. En combinant la machine $\mathcal{D}$ et la machine universelle $\mathcal{U}$, nous pouvons construire une machine $\mathcal{N}$ qui calcule la séquence β'. La machine $\mathcal{D}$ aura sans doute besoin d'une bande pour opérer : on supposera qu'elle utilise les E-cases au-delà de la dernière C-case non blanche, et les effacera dès qu'elle aura donné son verdict.

La machine de Turing

Décomposons le mouvement de la machine $\mathcal{N}$ en actes. Durant les $N-1$ premiers actes, entre autres choses, les entiers 1, 2, …, $N-1$ ont été inscrits sur la bande et testés par la machine $\mathcal{D}$. Un certain nombre d'entre eux, disons $R(N-1)$, ont été identifiés comme étant les ND de machines acycliques. Durant l'acte N, la machine $\mathcal{D}$ teste le nombre N. Si N est satisfaisant (si c'est le ND d'une machine acyclique), on a alors $R(N) = 1 + R(N-1)$, et les $R(N)$ premiers chiffres de la séquence dont N est un ND sont calculés. Le $R(N)$-ième chiffre de cette séquence est inscrit sur la bande, en tant que l'un des chiffres de la séquence β' que calcule $\mathcal{N}$. Si N n'est pas satisfaisant, on a alors $R(N) = R(N-1)$ et la machine entame directement l'acte suivant.

Par construction, nous voyons que $\mathcal{N}$ est acyclique, car chaque acte s'achève en un nombre fini d'étapes. En effet, d'après notre hypothèse sur $\mathcal{D}$, c'est en un nombre fini d'étapes que l'on sait si N est satisfaisant. Si N n'est pas satisfaisant, l'acte N s'achève. Par contre, si N est satisfaisant, cela signifie que la machine $\mathcal{M}(N)$ (dont le ND est N) est acyclique, et son $R(N)$-ième chiffre peut dès lors être calculé en un nombre fini d'étapes. Lorsque ce chiffre a été calculé et inscrit comme le $R(N)$-ième chiffre de β', l'acte N s'achève. Ainsi, $\mathcal{N}$ est acyclique.

Soit maintenant K le ND de $\mathcal{N}$. Que fait $\mathcal{N}$ durant l'acte K ? Elle doit tester si K est satisfaisant, et donner le verdict « *o* » ou « *n* ». Or, comme K est le ND de $\mathcal{N}$, qui est acyclique, le verdict ne peut être « *n* ». Nous allons voir que le verdict ne peut être « *o* » non plus. Si tel était le cas, $\mathcal{N}$ devrait en effet calculer durant l'acte K les $R(K-1) + 1 = R(K)$ premiers chiffres de la séquence calculée par la machine dont le ND est K, et écrire le $R(K)$-ième chiffre comme l'un des chiffres de la séquence calculée par $\mathcal{N}$. Le calcul des $R(K-1)$ premiers chiffres serait effectué sans problème, mais le calcul du $R(K)$-ième reviendrait à « calculer les $R(K)$ premiers chiffres de la séquence calculée par la machine $\mathcal{N}$ et écrire le

Théorie des nombres calculables

$R(K)$-ième », et ainsi de suite, si bien qu'il serait impossible de jamais trouver le $R(K)$-ième chiffre. Ainsi, $\mathcal{N}$ est cyclique, contrairement à ce que nous avons conclu dans le paragraphe précédent. Nous aboutissons à une contradiction, ce qui nous oblige à rejeter notre hypothèse, et à conclure que la machine $\mathcal{D}$ ne peut exister.

Nous pouvons en outre montrer qu'il ne peut exister de machine $\mathcal{E}$ qui détermine si une machine quelconque dont on lui fournit la DS imprimera jamais un symbole donné (par exemple 0).

Nous montrerons d'abord que, s'il existe une telle machine, il existe alors une procédure générale pour déterminer si une machine $\mathcal{M}$ donnée imprime une infinité de 0. Soit $\mathcal{M}_1$ une machine qui imprime la même séquence que $\mathcal{M}$, sauf qu'elle imprime $\overline{0}$ en lieu et place du premier 0 imprimé par $\mathcal{M}$. De même, $\mathcal{M}_2$ aura les deux premiers 0 de la séquence originale remplacés par des $\overline{0}$, et ainsi de suite. Ainsi, si $\mathcal{M}$ imprime

```
ABA01AAB0010AB...,
```

alors $\mathcal{M}_1$ imprime

```
ABA0̄1AAB0010AB...,
```

et $\mathcal{M}_2$ imprime

```
ABA0̄1AAB0̄010AB...
```

Soit alors $\mathcal{F}$ une machine qui, à partir de la DS de $\mathcal{M}$, imprime successivement les DS de $\mathcal{M}$, de $\mathcal{M}_1$, de $\mathcal{M}_2$, etc. (une telle machine existe effectivement). Combinons $\mathcal{F}$ et $\mathcal{E}$ pour obtenir une nouvelle machine $\mathcal{G}$, qui, lors de son fonctionnement, utilise d'abord $\mathcal{F}$ pour imprimer la DS de $\mathcal{M}$, puis $\mathcal{E}$ pour la tester, et imprime : 0 : si $\mathcal{M}$ n'imprime jamais 0. $\mathcal{F}$ imprime ensuite la DS de $\mathcal{M}_1$, qui est testée elle aussi, : 0 : étant imprimé si $\mathcal{M}_1$ n'imprime jamais 0, et ainsi de suite. Testons maintenant $\mathcal{G}$ avec $\mathcal{E}$. Si l'on découvre que $\mathcal{G}$ n'imprime jamais 0, cela veut dire que $\mathcal{M}$ imprime 0 une infinité

La machine de Turing

de fois. Si $\mathcal{G}$ imprime au moins un 0, alors $\mathcal{M}$ n'imprime 0 qu'un nombre fini de fois.

La même construction permet d'affirmer qu'il existe une procédure générale qui indique si $\mathcal{M}$ imprime 1 infiniment souvent. En combinant ces deux procédures, nous en obtenons une autre qui permet de déterminer si $\mathcal{M}$ imprime une infinité de chiffres, c'est-à-dire si $\mathcal{M}$ est acyclique. De ce fait, la machine $\mathcal{E}$ ne peut exister.

Nous avons utilisé l'expression « il existe une procédure générale pour déterminer si... » tout au long de cette section de manière équivalente à « il existe une machine qui détermine si... ». Cet usage est légitime si et seulement si notre définition de la « calculabilité » est légitime, car chacun de ces problèmes de « procédure générale » peut être exprimé comme un problème concernant une procédure générale pour déterminer si un entier n donné a une certaine propriété $G(n)$ (où $G(n)$ peut être « n est satisfaisant », ou « n est le nombre de Gödel d'une proposition démontrable »), et cela équivaut à calculer un nombre dont le n-ième chiffre est 1 si $G(n)$ est vraie, et 0 dans le cas contraire.

9. Pertinence de la notion de calculabilité

Nous n'avons pas encore tenté de montrer que les nombres « calculables » incluent tous les nombres que l'on aurait naturellement tendance à considérer comme calculables. Les arguments que nous pourrons donner doivent, par principe, faire appel à l'intuition, et seront pour cette raison plutôt insatisfaisants, mathématiquement parlant. La véritable question en jeu ici est : « Quelles sont les différentes procédures possibles qui peuvent être mises en œuvre lorsque l'on calcule un nombre ? »

Théorie des nombres calculables

Je défendrai mon point de vue au moyen de trois types d'arguments :
(*a*) en faisant directement appel à l'intuition ;
(*b*) en démontrant l'équivalence de deux définitions (au cas où la nouvelle définition aurait un sens intuitif plus évident) ;
(*c*) en exhibant certaines grandes classes de nombres calculables.

Une fois qu'il est admis que tout nombre calculable est aussi « calculable » (selon ma définition), d'autres propositions du même type s'ensuivent. En particulier, s'il existe une procédure générale pour décider de la démontrabilité d'une formule du calcul fonctionnel de Hilbert[9], cette procédure peut être prise en charge par une machine.

I. [Type *(a)*]. Cet argument est simplement le développement des idées de la section 1.

En général, on effectue un calcul en inscrivant certains symboles sur une feuille, que l'on peut supposer divisée en cases comme un cahier d'écolier. En arithmétique élémentaire, on utilise de temps en temps la qualité bidimensionnelle de la feuille, mais, comme il est toujours possible de s'en passer, je pense que l'on m'accordera qu'elle n'a rien d'essentiel au calcul. Dès lors, je prends pour acquis que le calcul est effectué sur un papier unidimensionnel, à savoir une bande divisée séquentiellement en cases. Je considère aussi que les symboles susceptibles d'être inscrits sur la bande sont en nombre fini. Si ce n'était pas le cas, il existerait alors des symboles arbitrairement proches[e], susceptibles d'être confondus. Pour autant,

---

9. Aujourd'hui, le calcul fonctionnel restreint (*engere funktionencalkül*) est plus volontiers nommé *calcul des prédicats*, ou *logique du premier ordre (NdT)*.

e. Considérons en effet qu'un symbole est littéralement imprimé dans une case, portion de plan définie par $0 \leq x \leq 1$, $0 \leq y \leq 1$. Le symbole est défini comme un ensemble de points de la case, à savoir l'ensemble des points noircis par l'encre imprimée. Si l'on se restreint à des ensembles mesurables, on peut définir la « distance » entre deux symboles comme le coût de la transformation de l'un en l'autre,

La machine de Turing

cette restriction n'a pas d'effet très sérieux, puisqu'il est toujours possible d'utiliser une séquence de symboles au lieu d'un seul. Ainsi, un nombre en notation arabe, comme 17 ou 999999999999999, est en général considéré comme un symbole en soi. De même, dans les langues européennes, chaque mot est traité comme un symbole simple (à la différence du chinois qui tend à avoir une infinité dénombrable de symboles). De notre point de vue, la différence entre un symbole simple et un symbole composé est que ce dernier ne saurait être reconnu d'un coup d'œil s'il est trop long. Ceci est en accord avec l'expérience : on ne peut dire d'un coup d'œil si 9999999999999999 et 999999999999999 sont un seul et même nombre.

Le comportement d'un homme en train de calculer est à tout instant déterminé par les symboles qu'il observe et par son « état mental » du moment. Nous supposerons que ce calculateur[10] observe un nombre maximal M de symboles (ou de cases) à la fois. S'il souhaite en consulter un plus grand nombre, il doit faire plusieurs observations successives. Nous supposerons en outre qu'il n'est nécessaire de prendre en compte qu'un nombre fini d'états mentaux, pour une raison analogue à celle qui nous pousse à limiter le nombre de symboles. En effet, si l'on admettait l'existence d'une infinité d'états mentaux, certains d'entre eux seraient « arbitrairement proches », au point d'être confondus. Là encore, cette restriction n'affecte pas sérieusement le calcul, puisque des états mentaux plus compliqués peuvent être évités en inscrivant plus de symboles sur la bande.

Imaginons maintenant que le travail du calculateur est

---

l'unité étant le coût de déplacement d'une unité d'aire d'encre d'une distance unitaire, en considérant qu'il y a source infinie d'encre en $x = 2$, $y = 0$. Dans cette topologie, les symboles ainsi définis forment un ensemble compact conditionnel (*conditionally compact space*).

10. C'est bien d'un être humain qu'il s'agit (Turing utilise le terme... *computer*) (*NdT*).

Théorie des nombres calculables

divisé en une suite d'« opérations élémentaires », tellement simples qu'il serait difficile de les diviser plus encore. Une opération élémentaire modifie le système physique constitué du calculateur et de sa bande, système dont l'état est entièrement décrit par l'ensemble des symboles inscrits sur la bande, la liste (éventuellement ordonnée) des symboles observés par le calculateur, et l'état mental de ce dernier. Nous pouvons considérer qu'une opération élémentaire modifie au plus une case (tout autre changement peut se ramener à une suite de changements élémentaires de ce type). D'autre part, la situation est la même vis-à-vis des cases dont le contenu est susceptible d'être modifié ; nous dirons donc, sans perte de généralité, que seules les cases « observées » sont modifiables.

Outre la modification d'un symbole, il doit exister des opérations élémentaires qui modifient la distribution des cases observées. Le calculateur doit pouvoir reconnaître immédiatement une nouvelle case à observer, et c'est pourquoi je crois raisonnable de supposer qu'une telle case ne peut être à plus d'une distance donnée de la case la plus proche parmi celles qui viennent d'être observées. Disons donc que chaque nouvelle case observée est tout au plus à D cases de distance d'au moins une des cases observées à l'instant précédent.

Relativement à la notion de « reconnaissance immédiate », on peut penser qu'il existe d'autres types de cases immédiatement reconnaissables, en particulier celles repérées par des symboles spéciaux. Néanmoins, si ces cases sont marquées avec des symboles simples, il n'en existera jamais qu'un nombre fini, et celles-ci peuvent donc être rajoutées à l'ensemble des cases observées sans bouleverser notre théorie. Si, par contre, une case est repérée par une séquence de symboles, nous ne pouvons plus considérer le procédé de reconnaissance comme élémentaire. Ce dernier point est tellement important qu'il convient de l'illustrer. Dans un article de mathématiques, il est courant de numéroter séquentiellement théorèmes et équations, dont le nombre dépasse rarement, disons, le millier. Un théorème peut donc se reconnaître d'un coup d'œil à son numéro. Imaginons maintenant un article particulièrement long, si bien que l'on en arrive au théorème *157767733443477*. Plus loin, on peut lire « ... ce qui est une simple conséquence du théorème *157767733443477...* ». Pour s'assurer qu'il s'agit du même théorème, il va falloir comparer ces deux nombres chiffre à chiffre, peut-être même en cochant les chiffres au fur et à mesure pour ne pas les compter deux fois. Si, après cet exemple, on considère toujours que d'autres cases sont « immédiatement reconnaissables », cela n'affecte pas mon argumentation tant que ces cases peuvent être trouvées par une procédure dont ma machine est capable. Cette idée est développée en (III), ci-dessous.

Les opérations élémentaires doivent ainsi comprendre :

(*a*) le changement d'un symbole dans l'une des cases observées,

(*b*) le changement de l'une des cases observées, la nouvelle case étant au plus à D cases de l'une des cases observées précédemment.

Il peut arriver que l'un de ces changements nécessite aussi un changement d'état mental. L'opération élémentaire la plus générale doit donc prendre l'une des deux formes suivantes :

(*A*) changement éventuel (*a*) de symbole, accompagné d'un changement éventuel d'état mental,

(*B*) changement éventuel (*b*) de cases observées, accompagné d'un changement éventuel d'état mental.

Comme cela a été suggéré page 78, c'est l'état mental du calculateur et les symboles qu'il observe qui déterminent l'opération à effectuer, et en particulier le nouvel état mental dans lequel il se retrouve après exécution de ladite opération.

Nous pouvons maintenant construire une machine destinée à accomplir le même travail que ce calculateur humain. A chaque état mental du calculateur correspond une *m*-configuration de cette machine. La machine inspecte à tout moment M cases correspondant aux M cases que le calculateur observe. A chaque instant, elle peut soit changer un symbole dans l'une des cases inspectées, soit inspecter une nouvelle case, à condition que celle-ci soit à moins de D cases de l'une des cases déjà inspectées. Les symboles inspectés et la m-configuration déterminent le mouvement effectué et la configuration suivante de la machine. Les machines dont nous venons de donner le schéma ne sont pas foncièrement différentes des « machines à calculer » décrites dans la section 2. De fait, pour toute machine de ce type, il est possible de construire une machine qui calcule la même séquence, à savoir la séquence calculée par le calculateur.

II. [Type (b)].
Si nous modifions les notations du calcul fonctionnel de Hilbert[f] de façon à le rendre systématique et qu'il n'utilise qu'un nombre fini de symboles, il devient possible de construire une machine automatique[g] $\mathcal{K}$ qui trouve toutes les formules démontrables du système[h].

Considérons maintenant une séquence α, et notons $G_\alpha(x)$ la proposition « le x-ième chiffre de α est un 1 », tandis que $-G_\alpha(x)$ signifie « le x-ième chiffre de α est un 0 ». Supposons aussi que la séquence α puisse être définie par un ensemble de propriétés exprimables au moyen de $G_\alpha(x)$, des propositions $N(x)$ (« x est un entier positif ») et $S(x, y)$ (« y est le successeur de x », ou « $y = x + 1$ »). Nous pouvons alors, à partir de ces

---

[f]. Sous cette dénomination, nous faisons référence tout au long de cet article au calcul fonctionnel *restreint* de Hilbert.

[g]. Le plus naturel est de construire une machine à choix (cf. section 2) qui génère toutes les preuves, mais il est facile d'en tirer ensuite une machine automatique. Supposons en effet que les choix sont toujours binaires ; chaque preuve est alors spécifiée par une suite de choix $i_1, i_2, \ldots i_k \ldots, i_n$ valant chacun 0 ou 1. Le nombre $2^n + i_1 2^{n-1} + i_2 2^{n-2} + \ldots + i_n$ détermine donc complètement la preuve, et la machine automatique peut alors générer successivement la preuve 1, puis la preuve 2, etc.

[h]. L'auteur a effectivement trouvé la description d'une telle machine.

La machine de Turing

propriétés, construire une formule $\mathcal{U}$, conjonction logique des formules précédentes, qui définit α. Cette formule doit comprendre les trois premiers axiomes de Peano (notés P), à savoir :

$$(\exists u)\, N(u) \wedge (\forall x)\, \big(N(x) \to (\exists y)\, S(x, y)\big) \wedge \big(S(x,y) \to N(y)\big).$$

La phrase « $\mathcal{U}$ définit α » signifie que $-\mathcal{U}$ n'est pas une formule démontrable et que, pour tout n, (A_n) ou (B_n) est démontrable, avec :

$$\mathcal{U} \wedge S^{(n)} \to G_\alpha(u^{(n)}) \qquad (A_n)^i$$

$$\mathcal{U} \wedge S^{(n)} \to \neg G_\alpha(u^{(n)}) \qquad (B_n)$$

où $S^{(n)}$ est l'abréviation de $S(u, u') \wedge S(u', u'') \wedge \ldots \wedge S(u^{(n-1)}, u^{(n)})$.

Avec ces hypothèses, j'affirme que α est alors une séquence calculable. Pour le montrer, nous pouvons modifier $\mathcal{K}$ assez simplement pour obtenir une machine $\mathcal{K}_\alpha$ qui calcule α.

Pour cela, nous décomposons le mouvement de $\mathcal{K}_\alpha$ en actes : l'acte n est consacré au calcul du n-ième chiffre de α, et se déroule comme suit. Dès que l'acte $n - 1$ est terminé, la machine inscrit le symbole « ‡ » à la suite de tous les autres symboles, pour effectuer le reste du calcul uniquement sur les cases situées à droite de cet emplacement. La première étape consiste à inscrire à la file la lettre A, la formule (A_n), puis la lettre B et la formule (B_n). La machine $\mathcal{K}_\alpha$ s'affaire alors à la même tâche que $\mathcal{K}$, mais s'interrompt à chaque fois qu'une formule démontrable est produite pour la comparer à (A_n) et à (B_n). Si la formule produite est égale à (A_n), le chiffre 1 est inscrit sur la bande et l'acte n s'achève. De même, si elle est égale à (B_n), le chiffre 0 est inscrit sur la bande et l'acte n s'achève. Enfin, si elle n'est égale à aucune des deux, le tra-

---

i. Une suite de r primes (') est notée $^{(r)}$.

vail de $\mathcal{K}$ est repris au point où il avait été interrompu. Suivant ce procédé, il est clair que l'une des formules (A_n) ou (B_n) sera atteinte à un moment ou à un autre : cela découle de nos hypothèses sur α et U, ainsi que de ce que l'on sait de $\mathcal{K}$. Dès lors, l'acte n s'achèvera en un temps fini. $\mathcal{K}_\alpha$ est donc acyclique et α est calculable.

On peut aussi montrer que les nombres définissables comme α au moyen d'axiomes incluent tous les nombres calculables. La démonstration revient à décrire les machines à calculer dans le formalisme du calcul fonctionnel[11].

Rappelons, ici, que nous avons donné une signification particulière à la phrase « U définit α ». Un nombre définissable (au sens usuel) n'est en effet pas forcément calculable. Considérons par exemple la séquence δ, dont le n-ième chiffre vaut 1 ou 0 selon que n est satisfaisant ou pas. Il découle immédiatement du théorème de la section 8 que cette séquence n'est pas calculable. Il est possible que nous soyons capables de calculer n'importe quel chiffre de δ, mais cela ne pourra être fait en utilisant une méthode uniforme. Une fois que l'on aura calculé un assez grand nombre de chiffres de δ, il faudra inventer une méthode essentiellement nouvelle pour obtenir d'autres chiffres.

III. On peut considérer cet argument comme une modification du (I) ou comme un corollaire du (II).

Nous supposons, comme en (I), que le calcul s'effectue sur une bande, mais nous éviterons d'utiliser ici la notion d'état mental en introduisant une analogie plus physique et mieux définie. Notre calculateur peut toujours interrompre sa tâche, quitter son lieu de travail et oublier tout ce qui s'y rapporte, pour revenir plus tard et reprendre son calcul là où il l'avait laissé. Pour ce faire, il doit conserver une notice où se trou-

---

11. Ce qui est fait dans la section 11 pour démontrer que le problème de la décision n'a pas de solution *(NdT)*.

La machine de Turing

vent consignées (sous une forme canonique quelconque) un certain nombre d'instructions indiquant comment reprendre son calcul. C'est cette notice qui remplace l'état mental dont nous parlions en (I). Imaginons maintenant que notre calculateur travaille de manière si décousue qu'il n'a le temps d'effectuer qu'une seule opération à chaque fois. Chaque notice doit donc lui permettre de mener à bien une opération, puis d'écrire la notice suivante. Ainsi, l'état d'avancement du calcul est entièrement déterminé, à tout instant, par la notice et le contenu de la bande, ce qui revient à dire qu'il suffit d'une seule expression (la « formule d'état ») pour décrire l'état exact du système. Cette expression peut s'écrire sous la forme d'une séquence de symboles composée de la liste des symboles inscrits sur la bande, d'un symbole séparateur spécial n'apparaissant nulle part ailleurs (par exemple Δ), et de la notice. A chaque pas, la nouvelle formule d'état dépend uniquement de la précédente, et nous admettrons que cette dépendance peut s'exprimer dans le formalisme du calcul fonctionnel. Autrement dit, nous admettons qu'il existe un axiome U qui exprime les règles que doit suivre le calculateur en face d'une formule d'état de n'importe quelle étape en vue d'obtenir la suivante. Dans ce cas, nous pouvons construire une machine qui inscrit les formules d'état successives, et par là même calcule le nombre cherché.

10. Exemples de grandes catégories de nombres calculables

Il nous sera utile de définir d'abord ce que nous entendons par fonction calculable (d'une variable entière, calculable, ou autre). Il existe de nombreuses façons équivalentes de définir une fonction calculable d'une variable entière, la plus simple

Théorie des nombres calculables

étant sans doute la suivante : soit γ une séquence calculable[12] dans laquelle apparaît une infinité de zéros[j], et n un entier ; on notera $\xi(\gamma, n)$ le nombre de 1 entre le n-ième et le $(n + 1)$-ième 0 de γ. On dit alors que $\phi(n)$ est calculable si et seulement s'il existe une séquence γ calculable telle que, pour tout n, $\phi(n) = \xi(\gamma, n)$. Voici une seconde définition équivalente : soit $H(x, y)$ la proposition $\phi(x) = y$. Alors ϕ est calculable si et seulement s'il existe un axiome non contradictoire $\mathcal{U}_\phi$ tel que
- $\mathcal{U}_\phi \to P$,
- pour tout n, il existe un entier N tel que
$$\mathcal{U}_\phi \wedge S^{(N)} \to H\big(u^{(n)}, u^{(\phi(n))}\big),$$
- pour tout $m \neq \phi(n)$, il existe un entier N' tel que
$$\mathcal{U}_\phi \wedge S^{(N')} \to - H\big(u^{(n)}, u^{(m)}\big).$$

Il n'est pas possible de définir de manière générale une fonction calculable d'une variable réelle, car il n'existe pas de procédure générale pour décrire un réel quelconque. On peut, par contre, définir une fonction calculable d'une variable calculable. Si n est satisfaisant, notons γ_n le nombre calculé par $\mathcal{M}(n)$ et posons :

$$\alpha_n = 0 \text{ si } \gamma_n = 0 \text{ ou } \gamma_n = 1,$$
$$\alpha_n = tg\big(\pi(\gamma_n - \tfrac{1}{2})\big) \text{ sinon.}$$

Lorsque n décrit les nombres satisfaisants, α_n décrit l'ensemble des nombres calculables[k]. Soit maintenant $\phi(n)$ une fonction calculable qui associe à tout nombre satisfaisant un nombre satisfaisant[l]. On dira alors que la fonction f définie par $f(\alpha_n) = \alpha_{\phi(n)}$ est une fonction calculable. Récipro-

---

12. La bijection est en fait définie indépendamment de la calculabilité de γ (NdT).

j. Si γ est calculée par une machine $\mathcal{M}$, le problème « $\mathcal{M}$ imprime-t-elle 0 une infinité de fois » est de même nature que le problème « $\mathcal{M}$ est-elle acyclique ».

k. On pourrait trouver de nombreuses autres formules pour décrire l'ensemble des nombres calculables.

l. Comme nous l'avons vu, il n'existe pas de procédure générale pour décider si un nombre est satisfaisant. Il est néanmoins souvent possible de démontrer que tel ou tel ensemble ne contient que des nombres satisfaisants.

La machine de Turing

quement, toute fonction calculable peut s'exprimer de cette manière.

Dans le même esprit, on peut donner les définitions d'une fonction calculable de plusieurs variables, ou d'une fonction à valeur calculable d'une variable entière, etc.

A partir de là, j'énonce un certain nombre de théorèmes concernant la calculabilité, mais je ne développerai les preuves que de (ii) et d'une variation de (iii).

(i) La composition de deux fonctions calculables (d'une variable entière ou calculable) est elle-même calculable.

(ii) Une fonction d'une variable entière définie récursivement en termes de fonctions calculables est calculable. Plus précisément, soit $\phi(m, n)$ une fonction calculable et r un entier, la fonction η est alors calculable, où η est définie par :
$$\eta(0) = r,$$
$$\eta(n) = \phi(n, \eta(n-1)) \text{ pour tout } n > 0.$$

(iii) Soit $\phi(m, n)$ une fonction calculable de deux variables entières. Alors $\phi(n, n)$ est une fonction calculable de la variable entière n.

(iv) Soit $\phi(n)$ une fonction calculable à valeurs dans $\{0, 1\}$. Alors, la séquence dont le n-ième chiffre est $\phi(n)$ est calculable.

Le théorème de Dedekind devient faux dans sa formulation usuelle si l'on remplace partout « réel » par « calculable », mais il reste vrai dans la version suivante.

(v) Soit $G(\alpha)$ une fonction propositionnelle d'un nombre calculable, telle que :
(a) $(\exists \alpha)(\exists \beta)\left(G(\alpha) \wedge \neg G(\beta)\right)$,
(b) $\left(G(\alpha) \wedge \neg G(\beta)\right) \rightarrow (\alpha < \beta)$.

S'il existe une procédure générale pour connaître la valeur de vérité de $G(\alpha)$, alors il existe un nombre calculable ξ tel que :

$G(\alpha) \to \alpha \leq \xi$ et $-G(\alpha) \to \alpha \geq \xi$.

En d'autres termes, le théorème reste vrai pour toute coupure des nombres calculables pour laquelle il existe une procédure générale permettant de situer chaque nombre calculable vis-à-vis de la coupure.

Du fait de cette restriction du théorème de Dedekind, il n'est pas vrai en général qu'une suite croissante majorée de nombres calculables a une limite calculable. Cela sera peut-être compris en considérant une suite telle que :

$$-1, -\frac{1}{2}, -\frac{1}{4}, -\frac{1}{8}, -\frac{1}{16}, \frac{1}{2}, \ldots$$

Par contre, (v) nous permet de démontrer :
   (vi) Soit ϕ une fonction calculable croissante et continue, et α, β deux nombres calculables tels que $\alpha < \beta$ et $\phi(\alpha) < 0 < \phi(\beta)$. Alors, il existe γ, unique et calculable, tel que $\alpha < \gamma < \beta$ et $\phi(\gamma) = 0$.

Convergence calculable

Nous dirons qu'une séquence β_n de nombres calculables *converge pour le calcul* s'il existe une fonction calculable à valeur entière $N(\varepsilon)$ de la variable calculable ε, telle que :

$$\forall \varepsilon > 0, \forall m > N(\varepsilon), \forall n > N(\varepsilon), |\beta_n - \beta_m| < \varepsilon.$$

A partir de là, nous pouvons montrer les théorèmes suivants :
   (vii) Une série dont les coefficients forment une suite calculable de nombres calculables est convergente pour le calcul en chaque point calculable à l'intérieur de son intervalle de convergence.
   ($viii$) La limite d'une suite convergente pour le calcul est calculable.

La machine de Turing

Et, avec la définition évidente de la *convergence uniforme pour le calcul* :
  (*ix*) La limite d'une suite calculable et uniformément convergente pour le calcul de fonctions calculables est une fonction calculable.

De là :
  (*x*) La somme d'une série dont les coefficients forment une suite calculable est une fonction calculable à l'intérieur de son intervalle de convergence.

Le théorème (*viii*) nous permet de déduire que π et e sont calculables, en posant $\pi = 4(1 - 1/3 + 1/5 - ...)$, et $e = 1 + 1 + 1/2! + 1/3! + ...$

D'après (*vi*), tout nombre algébrique réel est calculable.

De (*vi*) et (*x*), on déduit que les zéros réels des fonctions de Bessel sont calculables.

Démonstration de (ii)

Soit $H(x, y)$ la proposition « $\eta(x) = y$ », et $K(x, y, z)$ la proposition « $\phi(x, y) = z$ ». U_ϕ est l'axiome qui définit ϕ. Posons alors U_η :

$$U_\phi \wedge P \wedge \big(S(x, y) \to G(x, y)\big) \wedge \big(G(x, y) \wedge G(y, z) \to G(x, z)\big)$$
$$\wedge \big(S^{(r)} \to H(u, u^{(r)})\big) \wedge \big(S(v, w) \wedge H(v, x) \wedge K(w, x, z) \to H(w, z)\big)$$
$$\wedge \big[H(w, z) \wedge G(z, t) \vee G(t, z) \to -H(w, t)\big].$$

Je ne donnerai pas ici la démonstration de la consistance de U_η. Une telle démonstration peut être construite avec les méthodes utilisées dans Hilbert et Bernays (*Grundlagen der Mathematik*, Berlin, 1934, p. 209 *sq.*). Il est à noter que la consistance de U_η est évidente d'après sa signification.

Montrons tout d'abord que, quel que soit n, il existe N tel que

$$U_\eta \wedge S^{(N)} \to H(u^{(n)}, u^{(\eta(n))}) \qquad (ii.1)$$

Théorie des nombres calculables

(1) On a directement
$$\mathcal{U}_\eta \wedge S^{(r)} \to H(u, u^{(\eta(u))})$$

(2) Supposons que, pour n, N donnés, on a
$$\mathcal{U}_\eta \wedge S^{(N)} \to H(u^{(n-1)}, u^{(\eta(n-1))})$$

Par calculabilité de ϕ, il existe M tel que
$$\mathcal{U}_\phi \wedge S^{(M)} \to K(u^{(n)}, u^{(\eta(n-1))}, u^{\eta(n)})$$

D'où
$$\mathcal{U}_\eta \wedge S^{(M)} \to S(u^{(n-1)}, u^{(n)}) \wedge H(u^{(n-1)}, u^{(\eta(n-1))}) \wedge K(u^{(n)}, u^{(\eta(n-1))}, u^{\eta(n)})$$

Or,
$$\mathcal{U}_\eta \wedge S^{(M)} \to \left[(S(u^{(n-1)}, u^{(n)}) \wedge H(u^{(n-1)}, u^{(\eta(n-1))}) \wedge K(u^{(n)}, u^{(\eta(n-1))}, u^{\eta(n)}) \to H(u^{(n)}, u^{(\eta(n))}) \right]$$

On a donc
$$U_\eta \wedge S^{(M)} \to H(u^{(n)}, u^{(\eta(n))})$$

Ce qui démontre $(ii.1)$ par récurrence.

D'autre part, soit $m \neq \eta(n)$ et $M' \geq Max(M, m)$, on a
$$\mathcal{U}_\eta \wedge S^{(M')} \to G(u^{(\eta(n))}, u^{(m)}) \vee G(u^{(m)}, u^{(\eta(n))})$$

Or,
$$\mathcal{U}_\eta \wedge S^{(M')} \to \left[(H(u^{(n)}, u^{(\eta(n))}) \wedge G(u^{(\eta(n))}, u^{(m)}) \vee G(u^{(m)}, u^{(\eta(n))}) \to \neg H(u^{(n)}, u^{(m)}) \right]$$

Ce qui prouve
$$\mathcal{U}_\eta \wedge S^{(M')} \to - H(u^{(n)}, u^{(m)}) \qquad (ii.2)$$

Les deux conditions de la seconde définition d'une fonction calculable sont réunies, donc η est une fonction calculable.

La machine de Turing

Démonstration d'une version modifiée de (iii)

(*iii*′) Soit $\mathcal{N}$ une machine qui calcule une séquence γ_n selon le nombre n de symboles S qui lui est fourni initialement sur la bande. Notons $\phi_n(m)$ le m-ième chiffre de γ_n. Alors, la séquence ζ dont le n-ième chiffre est $\phi_n(n)$ est calculable.

Pour la démonstration, nous considérerons que la machine $\mathcal{N}$ s'attend à trouver une bande sur laquelle sont inscrits les symboles ◊◊ suivis de n symboles S sur les C-cases, et part de la m-configuration b. Nous supposerons d'autre part que nous avons une table pour $\mathcal{N}$ mise en forme de façon qu'il n'y ait qu'une seule instruction par ligne (impression d'un symbole ou déplacement), et dans laquelle n'apparaissent pas les symboles Ξ, Θ, $\overline{0}$, et $\overline{1}$.

Effectuons alors les transformations suivantes : remplaçons partout ◊ par Θ, 0 par $\overline{0}$, et 1 par $\overline{1}$. Ensuite, une ligne de la forme

U	α	I $\overline{0}$	$\mathcal{B}$

est remplacée par

U	α	I $\overline{0}$	$re(\mathcal{B}, \mathrm{u}, \mathrm{h}, \mathrm{k})$

et une ligne de la forme

U	α	I $\overline{1}$	$\mathcal{B}$

est remplacée par

U	α	I $\overline{1}$	$re(\mathcal{B}, \mathrm{v}, \mathrm{h}, \mathrm{k})$

Rajoutons ensuite les lignes suivantes :

Théorie des nombres calculables

u		$pe(u_1, 0)$
u_1	D, Ik, D, IΘ, R, IΘ	u_2
u_2		$re(u_3, u_3, \text{h}, \text{k})$
u_3		$pe(u_2, \text{S})$

et exactement les mêmes lignes en substituant v à u et 1 à 0. Rajoutons enfin :

c	D, IΞ, D, Ih	b

La table ainsi obtenue est celle d'une machine $\mathcal{N}^o$ qui calcule ζ à partir de la m-configuration initiale c, le symbole inspecté au départ étant le second $\lozenge$.

11. Application au problème de la décision [13]

Les résultats de la section 8 ont des conséquences importantes. En particulier, nous pouvons les utiliser pour montrer que le problème de la décision de Hilbert n'a pas de solution. Je me contenterai dans cet article de démontrer ce théorème, et je renvoie le lecteur à Hilbert et Ackermann (*Grundzüge der Theoretischen Logik*, Berlin, 1931, chap. 3) pour une formulation précise du problème en question.

Je me propose donc de démontrer qu'il n'existe pas de procédure générale permettant de déterminer si une formule $\mathcal{U}$ du calcul fonctionnel K est démontrable, c'est-à-dire qu'il n'existe pas de machine qui pourra, pour toute formule $\mathcal{U}$, dire si $\mathcal{U}$ est démontrable.

---

13. La démonstration originale contenait un certain nombre d'erreurs formelles, relevées par P. Bernays et corrigées par Turing dans un erratum paru quelques mois après le présent article (« On Computable Numbers, with an Application to the Entscheidungsproblem. A Correction », *Proceedings of the London Mathematical Society*, ser. 2, vol. 43, 1937, p. 544-546). Ces corrections ont été directement incorporées dans la traduction de cette section *(NdT)*.

La machine de Turing

Il convient sans doute de noter que cette proposition est assez différente des résultats bien connus de Gödel[m] : celui-ci a en effet montré qu'il existe (dans le formalisme des *Principia Mathematica*) des propositions $\mathcal{U}$ telles que ni $\mathcal{U}$ ni $-\mathcal{U}$ ne sont démontrables, d'où il découle qu'il ne peut exister de preuve de la consistance des *Principia Mathematica* (ni de K) à l'intérieur de ce formalisme. Pour ma part, je montrerai qu'il n'existe pas de procédure générale permettant de savoir si une formule $\mathcal{U}$ est démontrable dans K, ou, ce qui revient au même, si le système K augmenté de l'axiome supplémentaire $-\mathcal{U}$ est consistant.

S'il avait été prouvé le contraire de ce que Gödel a démontré, c'est-à-dire si toute proposition ou son contraire était démontrable, le problème de la décision aurait eu lui aussi une solution immédiate. En effet, on aurait pu alors inventer une machine $\mathcal{K}$ prouvant une à une toutes les formules démontrables, qui aurait atteint un jour ou l'autre $\mathcal{U}$ ou $-\mathcal{U}$. Si elle avait atteint $\mathcal{U}$, on aurait su que $\mathcal{U}$ est démontrable ; si elle avait atteint $-\mathcal{U}$, la consistance de K (voir Hilbert et Ackermann, p. 65) aurait permis de dire que $\mathcal{U}$ n'est pas démontrable.

Les preuves que je vais donner ci-dessous sont un peu fastidieuses, en raison de l'absence d'entiers dans K. Néanmoins, les idées sous-jacentes sont tout à fait immédiates.

A une machine à calculer $\mathcal{M}$, nous associons une formule $In(\mathcal{M})$, et nous montrons que s'il existe une procédure générale pour vérifier que $In(\mathcal{M})$ est démontrable, alors il en existe aussi une pour vérifier que $\mathcal{M}$ imprime au moins une fois 0.

Les interprétations des prédicats utilisés sont les suivantes :
$R_{S_j}(x,y)$: dans la configuration complète x (de $\mathcal{M}$), la case y contient le symbole S_j ;
$I(x, y)$: dans la configuration complète x, la case inspectée est la case y ;

m. Op. cit.

Théorie des nombres calculables

$K_{q_m}(x)$: dans la configuration complète x, la machine se trouve dans la m-configuration q_m ;
$S(x, y)$: y est le successeur immédiat de x ;
$G(x, y)$: x précède y (mais n'est pas forcément son prédécesseur immédiat).

On utilisera aussi $Inst\{q_i S_j S_k G q_l\}$ comme abréviation de

$(\forall x)(\forall y)(\forall x')(\forall y') \{(R_{S_j}(x, y) \wedge I(x, y) \wedge K_{q_i}(x) \wedge S(x, x') \wedge S(y, y'))$
$\to (I(x', y') \wedge R_{S_k}(x', y) \wedge K_{q_l}(x') \wedge S(y', z)$
$\vee [(R_{S_0}(x, z) \to R_{S_0}(x', z))$
$\wedge (R_{S_1}(x, z) \to R_{S_1}(x', z)) \wedge \ldots \wedge (R_{S_M}(x, z) \to R_{S_M}(x', z))])\}$

et des abréviations similaires pour $Inst\{q_i S_j S_k D q_l\}$ et $Inst\{q_i S_j S_k N q_l\}$.

Écrivons maintenant la description de $\mathcal{M}$ dans la première forme standard de la section 6. Cette description est composée d'une suite d'expressions de la forme $q_i S_j S_k G q_l$ (ou D ou N à la place de G). Notons alors $Des(\mathcal{M})$ la formule construite comme la conjonction de toutes les expressions $Inst\{q_i S_j S_k G q_l\}$.

Notons Q la formule qui définit les propriétés du successeur :

$(\forall x)(\exists w)(\forall y)(\forall z)$
$\{S(x, w) \wedge (S(x, y) \to G(x, y)) \wedge (S(x, z) \wedge G(z, y) \to G(x, y))$
$\wedge [G(z, x) \vee (G(x, y) \wedge S(y, z)) \vee (S(x, y) \wedge S(z, y)) \to \neg S(x, z)]\} \quad (Q)$

Posons alors $A(\mathcal{M})$, qui définit exactement la machine :

$$Q \wedge (\forall y) R_{S_0}(u, y) \wedge I(u, u) \wedge K_{q_1}(u) \wedge Des(\mathcal{M}) \quad (A(\mathcal{M}))$$

Nous pouvons alors construire la formule $In(\mathcal{M})$

$$(\exists u) A(\mathcal{M}) \to (\exists s)(\exists t) R_{S_1}(s, t) \quad (In(\mathcal{M}))$$

La machine de Turing

Si l'on se réfère aux interprétations suggérées ci-dessus, la formule $In(\mathcal{M})$ se lit : « il existe une configuration complète de $\mathcal{M}$ telle que S_1 soit présent sur la bande » ou « $\mathcal{M}$ imprime au moins une fois le symbole 0 ». Je vais donc prouver l'équivalence entre les deux propositions :
    (*a*) S_1 apparaît sur la bande dans une configuration complète de $\mathcal{M}$,
    (*b*) $In(\mathcal{M})$ est démontrable.
A la suite de quoi le reste de la démonstration du théorème est trivial.

Lemme 1 : Si S_1 apparaît sur la bande dans une configuration complète de $\mathcal{M}$, alors $In(\mathcal{M})$ est démontrable.

Nous devons détailler comment démontrer $In(\mathcal{M})$.

Plaçons-nous dans la *n*-ième configuration complète. Notons $i(n)$ le numéro de la case inspectée, $q_{k(n)}$ la *m*-configuration, et $S_{r(n,k)}$ le symbole présent sur la *k*-ième case, si bien que la séquence de symboles sur la bande est $S_{r(n,0)}S_{r(n,1)} \ldots S_{r(n,n)}$[14] suivie uniquement de blancs. Soit alors la proposition CC_n :

$$R_{S_{r(n,0)}}(u^{(n)}, u) \wedge R_{S_{r(n,1)}}(u^{(n)}, u') \wedge \ldots \wedge R_{S_{r(n,n)}}(u^{(n)}, u^{(n)})$$
$$\wedge\, I(u^{(n)}, u^{(i(n))}) \wedge K_{q_{k(n)}}$$
$$\wedge\, (\forall y)\left(S(y, u') \vee S(u, y) \vee S(u', y) \vee \ldots \vee S(u^{(n-1)}, y) \vee R_{S_0}(u^{(n)}, y)\right)$$
$$(CC_n)$$

Montrons que, pour tout *n*,

$$A(\mathcal{M}) \wedge F^{(n)} \to CC_n \qquad (CF_n)$$

est démontrable. CF_n précise la *n*-ième configuration complète de $\mathcal{M}$, on s'attend donc à ce que chacune de ces formules soit démontrable, ce que nous allons montrer par récurrence.

---

14. Une opération entre deux configurations complètes imprime au plus un nouveau symbole sur la bande. La bande de la *n*-ième configuration complète contient donc au plus *n* symboles *(NdT)*.

Théorie des nombres calculables

CF_0 est démontrable. La configuration complète n° 0 de $\mathcal{M}$ est telle que la bande est entièrement vierge, $\mathcal{M}$ est dans la m-configuration q_1, et la case inspectée est la n° 0, soit u. CC_0 est donc :

$$(\forall y)\, R_{S_0}(u, y) \wedge I(u, u) \wedge K_{q_1}(u).$$

Chacun de ces termes étant inclus dans $A(\mathcal{M})$, la proposition $A(\mathcal{M}) \to CC_0$ est démontrable.

Montrons maintenant que, pour tout n, $CF_n \to CF_{n+1}$ est démontrable. Trois cas se présentent selon le mouvement de la machine entre la n-ième et la $(n+1)$-ième configuration. Nous ferons la démonstration pour un mouvement vers la gauche. Les deux autres cas sont tout à fait similaires.

Posons $r(n, i(n)) = b$, $r(n+1, i(n)) = d$, $k(n) = a$, et $k(n+1) = c$. $Inst\{q_a S_b S_d G q_c\}$ est alors l'un des termes de $Des(\mathcal{M})$, d'où :

$$Des(\mathcal{M}) \to Inst\{q_a S_b S_d G q_c\}.$$

De là,

$$A(\mathcal{M}) \wedge F^{(n+1)} \to Inst\{q_a S_b S_d G q_c\} \wedge F^{(n+1)}$$

Or

$$Inst\{q_a S_b S_d G q_c\} \wedge Q \wedge F^{(n+1)} \to (CC_n \to CC_{n+1})$$

est démontrable, et de là,

$$A(\mathcal{M}) \wedge F^{(n+1)} \to (CC_n \to CC_{n+1})$$

l'est aussi. D'où

$$(A(\mathcal{M}) \wedge F^{(n)} \to CC_n) \to (A(\mathcal{M}) \wedge F^{(n+1)} \to CC_{n+1}),$$

c'est-à-dire exactement : $CF_n \to CF_{n+1}$.

Ainsi, CF_n est démontrable quel que soit n. D'autre part, notre hypothèse est que S_1 apparaît dans l'une des configurations complètes de $\mathcal{M}$, c'est-à-dire qu'il existe N, K, tels que $R_{S_1}(u^{(N)}, u^{(K)})$ est un terme de CC_N, d'où

La machine de Turing

$$CC_N \to R_{S_1}(u^{(N)}, u^{(K)})$$

est démontrable. Or, $A(\mathcal{M}) \wedge F^{(N)} \to CC_N$. On a aussi :

$$(\exists u)\, A(\mathcal{M}) \to (\exists u)(\exists u') \ldots (\exists u^{(N')}) \left(A(\mathcal{M}) \wedge F^{(N)}\right),$$

où $N' = Max(N, K)$. De là,

$$(\exists u)\, A(\mathcal{M}) \to (\exists u)(\exists u') \ldots (\exists u^{(N')})\, R_{S_1}(u^{(N)}, u^{(K)})$$
$$(\exists u)\, A(\mathcal{M}) \to (\exists u^{(N)})(\exists u^{(K)})\, R_{S_1}(u^{(N)}, u^{(K)})$$
$$(\exists u)\, A(\mathcal{M}) \to (\exists s)(\exists t)\, R_{S_1}(s, t)$$

Donc $In(\mathcal{M})$ est démontrable, ce qui prouve le lemme 1.

Lemme 2 : Si $In(\mathcal{M})$ est démontrable, S_1 apparaît sur la bande dans l'une des configurations complètes de $\mathcal{M}$.

En substituant des fonctions propositionnelles aux variables de fonction dans une formule démontrable, on obtient une proposition vraie. En particulier, si nous remplaçons les variables par leurs interprétations précisées pages 92-93 dans $In(\mathcal{M})$, nous obtenons une proposition vraie qui signifie « S_1 apparaît sur la bande dans l'une des configurations complètes de $\mathcal{M}$ ».

Nous pouvons maintenant prouver que le problème de la décision n'a pas de solution. Supposons en effet le contraire. Il existe donc une procédure générale (mécanique) permettant de déterminer si $In(\mathcal{M})$ est démontrable. Les lemmes 1 et 2 impliquent qu'il existe dès lors une procédure générale permettant de déterminer si $\mathcal{M}$ imprime au moins une fois 0, ce qui est impossible d'après les résultats de la section 8. Le problème de la décision n'a donc pas de solution.

Il existe un grand nombre de solutions particulières au problème de la décision, pour des formules qui utilisent un système restreint de quantificateurs. Il est donc intéressant d'exprimer $In(\mathcal{M})$ sous une forme restrictive où tous les quantificateurs sont au début. Ainsi, on peut obtenir une expression de la forme suivante pour $In(\mathcal{M})$:

$(\forall u)(\exists x)(\forall w)(\exists u_1)\ldots(\exists u_4)\,\mathcal{B},$

où $\mathcal{B}$ est une formule exempte de quantificateur.

APPENDICE
(28 août 1936)

Calculabilité et λ-définissabilité

Nous donnons ci-dessous les grandes lignes de la démonstration de l'équivalence entre λ-définissabilité et calculabilité (par une machine). Nous supposerons que le lecteur est familier avec les termes « formule bien formée » (FBF) et « conversion » qu'utilisent Church et Kleene[15]. Dans la seconde partie de la preuve (tout nombre calculable est λ-définissable), nous postulons l'existence d'un certain nombre de formules sans démonstration; la construction de ces formules est immédiate si l'on s'aide des résultats de Kleene (« A theory of positive integers in formal logic », *American Journal of Math.*, 57, 1935, 153-173, 219-244).

On notera N_n la FBF qui représente l'entier n. Nous dirons que la séquence γ, dont le n-ième chiffre est $\phi_\gamma(n)$, est λ-définissable (ou effectivement calculable) si et seulement si $1 + \phi_\gamma(n)$ est une fonction λ-définissable de n, c'est-à-dire s'il existe une FBF M_γ telle que, pour tout n,

$$\{M_\gamma\}\,(N_n)\;conv\;N_{1+\phi_\gamma(n)},$$

---

15. Une FBF du lambda-calcul est une formule générée récursivement à partir de trois règles : (*i*) un symbole est une FBF ; (*ii*) si S est une FBF, $\lambda x[S]$ est une FBF (lambda-abstraction) ; (*iii*) si S et T sont deux FBF, $\{S\}(T)$ est une FBF (application). La bêta-conversion d'une FBF en une autre FBF est introduite dans le texte qui précède *(NdT)*.

La machine de Turing

ou encore, si $\{M_\gamma\}$ (N_n) est convertible en $\lambda xy.x(y)$ ou en $\lambda xy.x(x(y))$ selon que le n-ième chiffre de γ est un 0 ou un 1.

Pour démontrer que toute séquence γ qui est λ-définissable est aussi calculable, nous allons construire une machine qui calcule γ. Avant cela, nous allons faire une modification mineure aux FBF pour les traiter plus commodément avec une machine : les variables a, b, c, seront renommées x, x', x'', etc. Construisons maintenant une machine $\mathcal{L}$ qui, lorsqu'on lui fournit M_γ sur la bande, imprime γ. Procédons pour cela à peu près comme nous l'avons fait pour construire $\mathcal{K}$, qui trouve toutes les formules démontrables du calcul des prédicats. Construisons tout d'abord une machine à choix $\mathcal{L}_1$ qui peut générer toute formule en laquelle une formule initiale M donnée est convertible. On peut alors modifier $\mathcal{L}_1$ pour obtenir une machine automatique $\mathcal{L}_2$, qui fabrique successivement toutes les formules en lesquelles M est convertible (la transformation d'une c-machine en a-machine est esquissée en note page 81). La machine $\mathcal{L}_2$ est une des composantes de $\mathcal{L}$, à qui l'on fournit initialement la formule M_γ sur la bande. Le mouvement de $\mathcal{L}$ se décompose en actes, de façon que l'acte n imprime le n-ième chiffre de γ, en imprimant tout d'abord la FBF $\{M_\gamma\}(N_n)$, puis en la convertissant avec $\mathcal{L}_2$ en un certain nombre d'autres formules. Chaque formule générée est comparée avec les formes normales principales de N_1 et N_2, à savoir :

$$\lambda[\lambda x'[\{x\}(x')]] \qquad (N_1)$$
$$\lambda x[\lambda x'[\{x\}(\{x\}(x'))]] \qquad (N_2)$$

Si la formule générée est égale à N_1 (respectivement à N_2), la machine inscrit un 0 (respectivement 1) sur la bande et l'acte n est terminé. Sinon, $\mathcal{L}_2$ reprend son travail pour générer la formule suivante. Par hypothèse, $\{M_\gamma\}(N_n)$ est convertible en N_1 ou N_2. De ce fait, l'acte n s'achève à un moment ou à un autre, si bien que le n-ième chiffre de γ finit par être inscrit sur la bande.

Théorie des nombres calculables

Montrons maintenant que toute séquence calculable est λ-définissable. Pour cela, montrons que l'on peut construire une FBF M_γ telle que, pour tout entier n :

$$\{M_\gamma\}(N_n) \; conv \; N_{1+\phi_\gamma(n)} \qquad (A_1)$$

Soit $\mathcal{M}$ une machine qui calcule γ, et utilisons une description d'une configuration complète de $\mathcal{M}$ au moyen de nombres, par exemple son ND décrit dans la section 6. Soit alors $\xi_\mathcal{M}(n)$ le ND de la n-ième configuration complète de $\mathcal{M}$. La table de $\mathcal{M}$ nous donne, entre les nombres $\xi_\mathcal{M}(n)$ et $\xi_\mathcal{M}(n+1)$, une relation de la forme :

$$\xi_\mathcal{M}(n+1) = \rho_\mathcal{M}(\xi_\mathcal{M}(n))$$

où $\rho_\mathcal{M}$ est une fonction fondue dans un moule extrêmement restrictif, même si, en général, elle n'est pas vraiment simple. Cette fonction s'obtient à partir de la table de $\mathcal{M}$, et elle est λ-définissable (ce dont je ne donne pas la preuve ici), c'est-à-dire qu'il existe une FBF $A_\mathcal{M}$ telle que, pour tout n,

$$\{A_\mathcal{M}\}(N_{\xi_\mathcal{M}(n)}) \; conv \; \xi_\mathcal{M}(n+1).$$

Posons alors $U_\mathcal{M}$:

$$\lambda u[\{\{u\}(A_\mathcal{M})\}(N_r)], \text{ avec } r = \xi_\mathcal{M}(0). \qquad (U_\mathcal{M})$$

Pour tout n, on a :

$$\{U_\mathcal{M}\}(N_n) \; conv \; N_{\xi_\mathcal{M}(n)}.$$

D'autre part, on peut démontrer qu'il existe une formule V telle que :

$$\{\{V\}(N_{\xi_\mathcal{M}(n+1)})\}(N_{\xi_\mathcal{M}(n)}) \; conv \; \begin{cases} N_1 \text{ si la machine imprime un 0 entre la } n\text{-ième et la } (n+1)\text{-ième configuration complète,} \\ N_2 \text{ si la machine imprime un 1,} \\ N_3 \text{ sinon.} \end{cases}$$

La machine de Turing

Soit alors W_M :

$$\lambda u\left[\left\{\{V\}(\{A_M\}(\{U_M\}(u)))\right\}(\{U_M\}(u))\right] \qquad (W_M)$$

si bien que, pour tout n,

$$\left\{\{V\}(N_{\xi_M(n+1)})\right\}(N_{\xi_M(n)}) \text{ conv } \{W_M\}(N_n).$$

Soit Q une formule telle que

$$\left\{\{Q\}(W_M)\right\}(N_s) \text{ conv } N_{r(s)},$$

où $r(s)$ est le s-ième entier q pour lequel $\{W_M\}(N_q)$ est convertible en N_1 ou N_2. Il suffit alors de prendre M_M :

$$\lambda w\left[\{W_M\}\left(\left\{\{Q\}(W_M)\right\}(w)\right)\right], \qquad (M_M)$$

qui aura la propriété (A_1) désirée[n].

Retour sur la définition des nombres calculables[16]

Des difficultés surviennent du fait de la manière spécifique dont nous avons défini les « nombres calculables » (p. 54). En

---

[n]. Pour rédiger une preuve complète de la λ-définissabilité de toute séquence calculable, le mieux serait de décrire les configurations complètes dans une forme plus facile à traiter avec les outils du λ-calcul. Pour cela, choisissons certains entiers pour représenter les symboles et les m-configurations de la machine. Plaçons-nous dans une configuration complète, où la séquence de symboles sur la bande est représentée par les nombres $s_1 s_2 \ldots s_n$, où la case inspectée est la m-ième, et où la m-configuration est représentée par t. On peut alors représenter la configuration complète au moyen de la formule :

$$[[N_{S1}, N_{S2}, \ldots, N_{Sm-1}], [N_t, N_{Sm}], [N_{Sm+1}, \ldots, N_{Sn}]],$$

où   [a, b] est l'abréviation de $\lambda u[\{\{u\}(a)\}(b)]$,

[a, b, c] est l'abréviation de $\lambda u[\{\{\{u\}(a)\}(b)\}(c)]$,
etc.

16. Ce paragraphe ne fait pas partie de l'article original : c'est le second volet de l'article dans lequel Turing corrige sa démonstration de l'insolubilité du problème de la décision (*op. cit.*) (*NdT*).

Théorie des nombres calculables

effet, si les nombres calculables doivent satisfaire à des exigences intuitives, on doit avoir :

Soient (a_n), (b_n) deux suites calculables de nombres rationnels. Si on a, pour tout n, $a_n \leq a_{n+1} < b_{n+1} \leq b_n$ et $b_n - a_n \leq 2^{-n}$, alors il existe un nombre calculable α tel que, pour tout n, $a_n \leq \alpha \leq b_n$. (A)

Nous pouvons donner une démonstration de cette proposition, valable suivant les standards mathématiques en vigueur, mais faisant intervenir le principe du tiers exclu. La proposition suivante, par contre, est fausse :

Avec les mêmes hypothèses, il existe une procédure générale qui permet de fabriquer le ND d'une machine qui calcule le nombre α à partir des règles de construction de (a_n) et (b_n). (B)

Si nous adoptons la convention qu'un nombre de la forme $m/2^n$ se termine par une infinité de 0, nous pouvons voir que la proposition (B) est fausse avec le contre-exemple suivant :

Soit $\mathcal{N}$ une machine quelconque. Posons $c_n = 1/2$ si $\mathcal{N}$ n'a encore jamais imprimé 0 lorsqu'elle atteint sa n-ième configuration complète, et $c_n = 1/2 - 2^{-m-3}$ si $\mathcal{N}$ a imprimé 0 pour la première fois dans sa m-ième configuration complète ($m \leq n$). Soient alors $a_n = c_n - 2^{-n-2}$ et $b_n = c_n + 2^{-n-2}$. Les inégalités de (A) sont satisfaites, et le premier chiffre de α (limite de c_n) est 0 si $\mathcal{N}$ imprime 0 au moins une fois, et 1 dans le cas contraire. Si (B) était vraie, nous aurions un moyen de connaître le premier chiffre de α, et par là même de savoir si $\mathcal{N}$ imprime jamais 0, ce qui est contraire aux résultats du § 8. Ainsi, (A) nous indique qu'il existe une machine qui calcule, par exemple, la constante d'Euler, mais nous ne pouvons décrire à présent une telle machine, car nous ne savons pas encore si cette constante est de la forme $m/2^n$.

Nous pouvons éviter cette situation désagréable en modifiant la manière dont les nombres calculables sont associés aux séquences calculables, tout en préservant exactement l'ensemble des nombres calculables lui-même. Ceci peut être fait de nombreuses manières[o], et nous n'en présentons qu'une parmi d'autres. Soit γ une séquence dont le premier chiffre est i, suivi de n fois le chiffre 1, d'un 0, puis de la séquence dont le r-ième chiffre est c_r. On fait correspondre à γ le réel suivant :

$$r_\gamma = (2i - 1) n + \sum_{r=1}^{\infty}(2c_r - 1)\left(\frac{2}{3}\right).$$

Si l'on considère que la machine qui calcule γ calcule aussi r_γ, la proposition (*B*) est alors vraie. Dans cette définition, l'unicité de représentation d'un réel par une séquence de chiffres est perdue, mais cela est de peu d'importance théorique car, de toute façon, le ND associé à un nombre calculable n'est pas unique.

The Graduate College, Princeton University
New Jersey, USA

NOTE DU TRADUCTEUR

Les deux machines complètes données en exemple dans cet article contiennent un certain nombre d'erreurs. Nous proposons comme exercice au lecteur de corriger ces machines (de les *déboguer*), en gardant à l'esprit qu'il s'agit des premiers programmes jamais écrits pour un ordinateur.

On trouvera ci-dessous des solutions possibles. La correction de la machine universelle est due à Emil Post[17].

---

o. L'utilisation d'intervalles non disjoints pour définir les réels est due à Brouwer.

17. E. Post, « Recursive Unsolvability of a Problem of Thue », *The Journal of Symbolic Logic*, vol. 12 (1947), p. 1-11 *(NdT)*.

Théorie des nombres calculables

1. Correction de la machine universelle

[Dans la construction détaillée de la machine universelle de Turing,] il faut effectuer une correction importante. Aux instructions pour $con_1(\mathcal{E}, \alpha)$, page 69, rajouter la ligne :

$con_1(\mathcal{E}, \alpha)$	aucun	IC, D, Iα, D, D, D	$\mathcal{E}$

Cette ligne est nécessaire pour introduire la représentation C de la case blanche lorsque la configuration complète de la machine finit par un q, comme c'est le cas au démarrage de la machine ou lorsqu'un mouvement vers la droite fait passer au-delà de la dernière case déjà inspectée. Cette correction rend valide la comparaison effectuée dans *fmp* page 70.

Profitons-en pour noter les erreurs d'inattention ou d'impression des pages 72-76. Page 58, ajouter la ligne :

$f(\mathcal{E}, \mathcal{B}, \alpha)$	aucun	G	$f(\mathcal{E}, \mathcal{B}, \alpha)$

Page 65, la DS doit commencer et non finir par un point-virgule. Page 67, enlever le premier C dans (C2). Page 69, ajouter « : » à la première liste de symboles. Pages 70-72, remplacer g par q. Page 71, remplacer *mf* par mf_1 dans les instructions pour *mf*. Page 70, seconde instruction pour sim_2, remplacer le premier D par G. Page 71, remplacer sh_2 par sh_3 dans la première instruction pour sh_2.

Le lecteur de l'article doit conserver à l'esprit que les « exemples » des pages 58-62 sont en fait des parties de la table de la machine universelle, et qu'ils effectuent les opérations prévues non pas quel que soit le contenu de la bande, mais seulement pour certains contenus, dont ceux qui peuvent apparaître au cours du fonctionnement de la machine universelle. En particulier, la bande contient un ◊ sur les deux premières cases, tandis que deux blancs consécutifs garantissent que toutes les cases à leur droite sont blanches. Enfin, les sym-

La machine de Turing

boles auxquels il est fait référence se trouvent en général sur des C-cases, et suivent les conventions de la page 56.

2. Correction de la machine utilisée pour la démonstration du théorème (iii′) de la section 10

A chaque fois que la machine $\mathcal{N}$ modifiée commence son travail (c'est-à-dire lorsqu'elle se retrouve dans la configuration b), elle se met dans la configuration u (ou v) dès qu'elle a imprimé un chiffre de plus qu'il y avait de h au départ. Il faut donc que la bande contienne à cet instant un S de plus que de h. La première fois, il faut préparer la bande. Ainsi, la ligne correspondant à c devient :

c	D, IΘ, D, IΘ, D, IS	b

Il y a une boucle infinie entre u_2 et u_3. Cet enchaînement sert d'une part à remplacer tous les k par des h, et d'autre part à mettre autant de S qu'il est nécessaire à la fin de la bande (exactement un de plus que de h). La boucle doit se terminer dès qu'il n'y a plus de k sur la bande, et relancer la machine $\mathcal{N}$. Ainsi, la ligne pour u_2 devient :

u_2	$re(u_3, b, \text{k}, \text{h})$

D'autre part, pour imprimer un S de plus qu'il n'y a de h, il faut commencer par imprimer un S, et non pas remplacer tout de suite un k par un h. La ligne pour u_1 devient donc :

u_1	D, Ik, D, IΘ, D, IΘ	u_3

Avec ces modifications, la machine $\mathcal{N}'$ fonctionne comme prévu. On peut enfin économiser quelques configurations en éliminant v_1, v_2 et v_3, pour mettre la machine en u_1 après avoir imprimé un 1 dans la configuration v.

3
Intelligence artificielle et logique naturelle

Jean-Yves Girard

Le premier texte de Turing, profondément ancré dans l'univers délimité par Gödel, ne présageait l'informatique que malgré lui ; il en va tout autrement de ce second texte, écrit quinze ans plus tard : à la « machine de papier » est venu se substituer le calculateur électronique, brontosaure inefficace, mais qui saura s'adapter... Ici, Turing se projette dans le futur (dans cinquante ans, dit-il) ; nous y sommes, ou presque.

Ses prévisions sont forcément un peu naïves : quantitativement mesquines et qualitativement délirantes. Ainsi, le monstre à la capacité de mémoire gigantesque qu'il imagine pour l'an 2000 n'a que la taille d'un gros micro-ordinateur de 1990 ; par contre, il nous imagine discourant de métaphysique ou de Joseph Conrad avec ces créatures d'un genre nouveau. En 1950, les transistors à peine sortis des limbes ne laissant guère présager les futures puces, la capacité des *cerveaux électroniques* était sévèrement limitée par des problèmes d'encombrement, sans parler du refroidissement des lourdes lampes thermoïoniques qui les équipaient ; par contre, dès qu'on s'élevait au-dessus des contingences matérielles, des ailes de géant se déployaient, et l'ordinateur intelligent profilait déjà une silhouette inquiétante pour la liberté, la religion... l'homme, quoi ! Malgré tout, ce texte créait un nouveau domaine : l'*intelligence artificielle* (IA), sujet ô combien à la mode, ô combien surestimé, et tout compte fait ô combien important !

Toute discussion de ce thème est périlleuse, car nécessitant des compétences qui ne peuvent être celles d'une seule personne, pêle-mêle : informatique, logique, géométrie, neurophysiologie, linguistique... L'impression dominante qui se

La machine de Turing

dégage de l'IA est celle d'un monde de la compétence décalée, où la chose importante est toujours celle que l'on ne domine pas. Ça fonctionne un peu comme ce produit pluridisciplinaire mythique, la *montre à moutarde* : si au traiteur qui l'a conçue on reprochait le léger goût métallique pris par le condiment, on s'entendrait invoquer une amélioration de la mesure du temps, au dire de son collègue horloger, lequel coconcepteur, en cas de plainte quant au côté désespérément figé des aiguilles, renverrait immanquablement à son acolyte et aux arcanes de la *nouvelle cuisine*. Il est donc plus que prudent de nous confiner à une partie limitée, mais centrale, de cette hydre scientifique, celle où nous ne sommes pas totalement incompétent : la jonction logique/informatique. Le paysage qu'on y découvre est passionnant, en ce qu'il lance un nouveau défi à la logique, relayant *in extremis* le défi fondationnel du début du siècle, maintenant bien fatigué. Quant aux « réponses » apportées à ce défi, on n'entend guère pour le moment que la triste plainte du vent.

1. L'inadéquation de la logique classique

La logique classique nous vient des Anciens – disons Aristote –, avec un apport non négligeable au Moyen Age et surtout à la fin du siècle dernier (Frege). Mais il s'agit exclusivement d'une logique des mathématiques, qui ne s'applique qu'au raisonnement mathématique : on répète à satiété depuis Descartes, Leibniz et Spinoza que tout ce qui est rigoureux est mathématisable et que toute analyse du raisonnement peut finalement se réduire à une analyse du raisonnement mathématique. C'est exact, mais c'est à peu près le même type d'argument qui a présidé – avant l'ère du TGV – à la conception du réseau ferré français : pour aller de X à Y, il suffit de passer par Paris... Autrement dit, si on ne peut pas contester sérieusement le dogme de la mathématisabilité du rigoureux, il n'en reste pas moins la possibilité d'approches court-circuitant les mathématiques ; les pères fondateurs de la logique n'en avaient cure, parce que – on ne le répétera jamais assez – leur optique était purement réductionniste : dans la réduction de A (la science) à B (la logique, c'est-à-dire à peu près rien du tout), tous les chemins étaient équivalents.

Prenons un exemple, emprunté non pas à la chimie, mais à ce que Boby Lapointe aurait appelé la « chimie sommaire » : la combinaison d'équations chimiques du genre

$$2H_2 + O_2 \mapsto 2H_2O,$$

en négligeant les perversions liées aux précipités, émissions d'énergie, etc. On observera que jamais un élève n'a eu le moindre mal à combiner correctement les équations de chimie sommaire : il y a bien là une rigueur, une forme de raisonnement. Or ce raisonnement ne transite pas par une mathématisation préalable. La seule mathématisation évidente – des configurations (bilans moléculaires) indicées par le temps – est d'une lourdeur affligeante : ainsi, de $(2H_2 + O_2)$ au temps t, on passe à $2H_2O$ au temps $t + 1$. Pourtant, quand je passe de $2H_2 + 2O_2 + S$ à $SO_2 + 2H_2O$, je me contente d'enchaîner « logiquement » les équations $2H_2 + O_2 \mapsto 2H_2O$ et $S + O_2 \mapsto SO_2$, sans avoir à aucun moment à évoquer la moindre temporalité ; c'est d'ailleurs préférable, étant donné que plusieurs échelonnements temporels se présentent[1]... Nous avons mis des guillemets à « logiquement », car, si cet enchaînement est parfaitement rigoureux, cette rigueur n'est plus celle de la logique classique. En effet, la seule lecture logique possible du signe « + » est conjonctive ($2H_2 + O_2$ se lit donc « H_2 et H_2 et O_2 ») ; or on sait bien – en particulier depuis

---

1. La première avant la seconde ou *vice versa*, les deux en même temps (mais peut-être une des deux est-elle plus rapide), etc. ; ce temps est donc bien ici une fiction, introduite faute de mieux.

La machine de Turing

Boole – que A et A est classiquement équivalent à A, ce qui conduirait par exemple à identifier $2H_2$ à H_2, soit à négliger les proportions des mélanges.

De même, le signe « $\mapsto$ » ne peut se lire que comme une implication logique ; mais le fameux phénomène classique de l'implication matérielle (A et B implique A, bien que B ne se trouve en prémisse de l'implication qu'à son corps défendant) nous donnerait encore une absurdité chimique, par exemple $S + 2H_2 + O_2 \mapsto 2H_2O$. Les principes « A et B implique A » et « A implique A et A » s'appellent, respectivement, *affaiblissement* et *contraction* ; ils sont réfutés chimiquement par le « Rien ne se perd, rien ne se crée » de Lavoisier.

Il y a donc du grain à moudre du côté du choix même de la logique ; mais qu'espère-t-on au juste ?

2. La logique comme science de l'implicite

La logique formelle ne s'adresse qu'à la *forme*, c'est-à-dire aux relations externes qu'entretiennent les éléments d'un raisonnement. Cela apparaît déjà dans le syllogisme classique « Tout homme est mortel, tout Athénien est un homme, donc tous les Athéniens sont mortels » : ni la signification concrète des mots « Athénien », « homme », « mortel », ni la façon dont les prémisses du syllogisme ont été justifiées (l'expérience ou un autre syllogisme) n'importent pour juger de la validité de ce morceau de raisonnement. C'est ce qui donne, dans les bons cas, un caractère prédictif au raisonnement : on n'a pas besoin d'ouvrir un dictionnaire pour savoir que Socrate est mort (le « comment », c'est-à-dire la ciguë, reste caché).

En logique classique, les énoncés interagissent fondamentalement *via* leurs valeurs de vérité – vrai et faux –, qui se combinent entre elles au moyen du tableau bien connu :

Intelligence artificielle et logique naturelle

A	B	A ∧ B	A ∨ B	A ⇒ B	¬A
V	V	V	V	V	F
F	V	F	V	V	V
V	F	F	V	F	
F	F	F	F	V	

donnant la valeur de vérité de $A \wedge B$ (A et B), $A \vee B$ (A ou B), $A \Rightarrow B$ (A implique B) et $\neg A$ (non A), en fonction des valeurs de vérité de A et B, indépendamment de la nature de A et B. Cela se révèle parfaitement adapté pour la syllogistique et, plus près de nous, pour le raisonnement mathématique. Ainsi, dans l'enchaînement $A \Rightarrow B, B \Rightarrow C$, donc $A \Rightarrow C$, les valeurs de vérité restent-elles implicites (leur explicitation fournirait ce qu'on appelle un *modèle*). Nous venons de voir un exemple typique de fonctionnement logique : une partie des données est simplement évacuée (comme le « comment » mentionné plus haut), et ce qui reste est traité implicitement.

Mais on peut objecter à ce schéma, en exigeant de prendre en compte – au niveau implicite – une plus grande partie des données ; par exemple, l'*intuitionnisme* refuse de réduire un énoncé disjonctif $A \vee B$ à sa vérité : selon Brouwer, pour énoncer une disjonction, il faut être *capable* en plus de dire lequel de A et B est vérifié[2]. Cette capacité n'est jamais qu'une potentialité, car seul un masochiste écrirait « $A \vee B$ » quand il a démontré A ; autrement dit, les seuls cas intéressants de disjonction intuitionniste sont ceux où on a démontré $A \vee B$ sans savoir lequel.

Pour comprendre ce paradoxe, sortons du cadre de la logique et prenons un exemple cher à notre époque de libéralisme, les manipulations bancaires. L'argent, les chèques, etc., manipulent – avec un plus ou moins grand degré d'abstraction – des entités concrètes, qu'il s'agit d'échanger. Cet

---

[2]. Ainsi le principe classique du *tiers exclu*, $A \vee \neg A$, est-il refusé par l'intuitionnisme. En effet, *en ne sachant rien* sur A, il n'est possible d'établir ni A ni $\neg A$.

La machine de Turing

échange se fait par des moyens implicites – des jeux formels d'écriture qu'on peut assimiler à des enchaînements logiques –, à l'opposé de la méthode explicite, le troc, abandonné depuis longtemps sous nos latitudes. L'exigence brouwérienne quant à la possibilité d'expliciter une disjonction $A \vee B$ en A ou en B n'est rien d'autre que l'exigence de réalisabilité de l'entité fictive écrite sur un chèque en – disons – un régime de bananes. La confiance en la banque impose que ce soit possible à tout moment, mais c'est une possibilité dont on se garde bien d'abuser.

L'exemple de l'intuitionnisme (et l'analogie bancaire) montre que le contenu implicite des manipulations logiques ne saurait être réduit aux valeurs de vérité, quel qu'en soit d'ailleurs le nombre[3]. Par contre, il met sérieusement à mal l'idée de l'unité de la logique, corroborant ce que nous avions déjà observé à propos de la chimie sommaire. On arrive bien à une situation où plusieurs logiques coexistent. Outre les cas classique et intuitionniste, mentionnons la logique *linéaire*[4], fondée sur la remise en cause de l'affaiblissement et de la contraction, et dont l'idée centrale est de gérer des *ressources* limitées, implicites comme il se doit.

Pourtant, on a bien envie de dire que les lois du raisonnement sont universelles. Il semble correct de penser que le morcellement actuel n'est que le résultat de l'intérêt somme toute récent pour autre chose que la logique classique (la logique intuitionniste, née dans les années 20, est restée marginale jusqu'à ce que l'informatique la sorte du ghetto confortable où elle sommeillait). On peut penser que l'on ne change de logique que parce qu'on ne maîtrise pas assez leur forma-

---

3. L'adjonction à la logique classique de valeurs de vérité supplémentaires n'ouvre, par contre, aucun nouvel espace de liberté : en effet, 2^n valeurs se comportent comme n fois deux valeurs (par exemple, 8 valeurs se ramènent à trois formules classiques). Si l'on excepte quelques utilisations limitées d'une troisième valeur, le procès en appel des logiques à plusieurs valeurs semble définitivement perdu : elles restent ce qu'elles ont toujours été, une erreur de Lukasiewicz.

4. J.-Y. Girard, « La logique linéaire », *Pour la science*, 150, avril 1990.

Intelligence artificielle et logique naturelle

lisme ; la génération suivante aura plus vraisemblablement un système universel permettant de combiner librement – mais sans faire d'erreur – divers types de raisonnement. Il existe déjà des embryons d'un tel système, qui doivent évidemment passer par un processus contradictoire avant de pouvoir éventuellement se muer en « la » logique.

3. Les machines peuvent-elles penser ?

Après tout, pourquoi pas ? On ne peut voir d'obstacle théorique à la réalisation d'un nouveau monstre de Frankenstein que sur la base de très forts *a priori* de nature idéologique : problème de l'âme, faisant de l'homme l'objet distingué de la Création, ou répulsion instinctive devant le fantasme d'un Big Brother électronique. Cela, Turing le dit bien mieux que nous ; par contre, il faut tempérer cette prise de position de principe par un certain nombre de remarques de bon sens :
– on est beaucoup plus loin de la machine intelligente que Turing ne l'imaginait ; tellement loin qu'on ne sait même pas si les travaux en cours vont effectivement dans la bonne direction. Pratiquement, la question ne se pose pas pour notre génération ;
– une machine pensante aurait pour elle sa grande rapidité, sa capacité de mémoire, l'absence de fatigue ; c'est parfait pour des tâches répétitives, comme la consultation d'une bibliothèque d'ouvertures au jeu d'échecs, ou des tâches de nature instinctive, telles les opérations qu'effectue un chat pour retomber sur ses pattes [5] ;

---

5. Le mot *intelligence* est mal venu : la justification du projet consiste en l'évidence de la possibilité de mécaniser des activités instinctives, mécaniques, qui pourraient être celles de l'abeille ou de la fourmi..., alors que la possibilité d'applications vraiment « intelligentes » reste extrêmement discutable. Le glissement de

La machine de Turing

– quant aux aspects plus « créateurs » de la pensée, la notion d'*erreur* y joue un rôle important, voire positif. D'abord, parce que la plupart de nos connaissances sont approximatives et contingentes. Ensuite, parce que l'architecture globale d'une théorie en gestation est plus importante que son adéquation au problème concret qu'elle est supposée appréhender – et donc la sanction finale ne saurait être de nature complètement objective. Finalement, parce que, même dans le cadre déjà très restreint de la recherche d'un résultat à l'intérieur d'une théorie formelle bien définie, des problèmes de *complexité* des calculs rendent la vitesse, la capacité d'une machine, etc., assez dérisoires : un vrai théorème ne se démontre pas avec des axiomes et des règles, mais en devinant une succession d'étapes intermédiaires (lemmes) qui y mèneront (et qu'il reste à établir un à un) : le plan de la démonstration s'élabore par un processus complexe dans lequel interviennent le hasard, la ratiocination, des analogies vagues, l'expérience des échecs passés ; on pourrait même soutenir que la lenteur, le manque d'informations, la fatigue qui fait négliger un obstacle insurmontable qui se révèle après coup n'être qu'une muraille de papier sont des éléments constitutifs essentiels de la création scientifique[6]. Quant à la possibilité de donner des défauts humains aux machines, il vaut mieux laisser la parole aux écrivains[7]…

---

sens n'est pas innocent et reflète le réductionnisme inhérent à certains scientifiques, y compris les grands logiciens comme Turing…

6. A ce propos, certaines tentatives en IA sont d'une naïveté rafraîchissante : tel ce programme d'ordinateur qui aurait « retrouvé » les lois de Kepler à partir de données numériques sur le mouvement des planètes. D'après Arthur Koestler (*Les Somnambules,* Presses-Pocket), Kepler n'aurait introduit les ellipses qu'à son corps défendant : une ellipse est une courbe bien plus « naturelle » qu'une cycloïde, mais ça, Kepler ne le savait pas… Bien entendu, si on avait saturé l'ordinateur d'équations de cycloïdes, il est douteux qu'il eût « pensé » lui-même aux ellipses.

7. Au début des années 60, l'écrivain de science-fiction Cordwainer Smith mettait en scène des ordinateurs avec une partie animale (par exemple, un cerveau de poulet) pour rétablir un droit à l'erreur ; quand elles n'étaient pas angoissées par le problème du « je », ses machines se comportaient comme de sinistres crétins.

Intelligence artificielle et logique naturelle

Plus concrètement, la solution actuellement la plus raisonnable est celle de couples homme-machine ; ainsi, plutôt que de demander aux machines de trouver des théorèmes à notre place, on verrait l'homme proposer l'ossature d'un théorème, l'ordinateur tentant, quant à lui, d'en vérifier les détails. Rappelons enfin que, quel que soit le futur vers lequel on se projette, l'ordinateur reste limité d'abord par l'incomplétude et l'indécidabilité, et, même quand ces facteurs ne jouent pas, par le fait que beaucoup de questions décidables ne sont pas *faisables* en termes de complexité algorithmique.

4. Les défis de l'IA

Une constante du progrès scientifique, c'est de ne pas chercher à traiter les problèmes qui se posent, mais ceux qu'on sait résoudre, quitte à expliquer que les problèmes non résolus étaient mal posés. C'est pour cela que – malgré un engouement jamais démenti pour l'astrologie – on a transformé, faute de quelconques résultats, l'étude de l'influence des astres sur notre destinée en l'étude des astres pour elle-même. Cela ne signifie pas que la Lune n'ait aucune influence sur nous, mais seulement que, en l'état de nos connaissances, tout discours sur ce thème ne peut être que bavardage stérile.

De la même façon, l'énormité des problèmes liés à la machine pensante conduit à restreindre le problème : il serait déjà très beau que la machine pût capturer la partie plus ou moins rigoureuse de notre raisonnement, celle qui est *a priori* mécanisable. Autrement dit, prenons un problème informel, que nous savons déjà traiter « à la main » ; est-il possible de l'automatiser sous forme d'un système formel traitable à la machine ? Le passage de la « main » à la machine devrait se traduire par une plus grande efficacité, par exemple la possibilité de traiter des données massives.

Pour ce qui est des problèmes formulés de façon vague, et pour lesquels un être humain ne saurait donner de réponse *formelle*, il est plus prudent de s'abstenir et de penser (ou prétendre) qu'ils sont mal formulés. Donnons un exemple de problème – à notre avis – mal formulé, le paradoxe de l'ancien président américain Nixon : Nixon était quaker et républicain ; les quakers sont pacifistes, les républicains bellicistes… Que faire ? Observons que la logique formelle baisse les bras devant une telle absurdité : si on ne refuse pas la question comme stupide, on est amené à bidouiller, par exemple à dire que certaines propriétés l'« emportent » sur d'autres ; malheureusement, la logique classique est profondément allergique à de telles considérations, car elles ne sont pas préservées par conséquence logique. Si, par exemple, on opte – ce qui n'est pas plus absurde qu'autre chose – pour une préséance alphabétique, on choisira « belliciste » de préférence à « pacifiste », mais « quaker » plutôt que « républicain », etc. On peut s'orienter vers des positions de repli, comme l'acceptation de données contradictoires (Nixon à la fois pacifiste et belliciste), mais c'est tomber de Charybde en Scylla. Quand on n'a pas d'idées, il ne faut pas chercher à les formaliser…

Parmi les questions qui se posent à l'IA, celles liées aux *bases de données* semblent particulièrement fécondes ; les problèmes plus larges liés aux *systèmes experts* (les logiciels qui sont supposés apprendre et diagnostiquer) paraissent quant à eux hors d'atteinte, tel l'exemple-jouet « Nixon » susmentionné. Concentrons-nous donc sur les bases de données.

Un exemple de base de données est fourni par un fichier bancaire, avec des noms, des adresses, des numéros de compte, des listes d'opérations, des bilans, et aussi des références à d'autres fichiers, par exemple dans une succursale. Les opérations effectuées sont – en principe – parfaitement rigoureuses, et pourtant leur statut logique laisse gravement à désirer ; parmi elles citons :

1) la possibilité de *révision* : ajouter, effacer des noms de clients, faire des transferts d'un compte à un autre, etc. ;

2) les informations *négatives* : un client qui n'est pas sur la liste est un non-client, *bien qu'il n'y ait pas de liste de non-clients* ;

3) malgré ces phénomènes étrangers à la logique classique, la possibilité d'effectuer des raisonnements, autrement dit un certain aspect *déductif* dans les bases de données.

Il va de soi que l'on peut toujours traiter le problème brutalement : comme pour la chimie sommaire, indicer les fichiers par le temps en leur adjoignant une liste d'informations négatives (par exemple : « M. Diogène n'a pas de plan d'épargne-logement »). C'est ainsi qu'on aurait évacué la question il y a – disons – trente ans. Mais force est de constater que la banque fonctionne bien, sans réécrire tous ses fichiers à chaque impulsion d'horloge, ni avoir à se préoccuper de la liste exhaustive de l'humanité. Il est donc normal de chercher une approche logique plus fine, qui reproduise de près – avec le léger décalage provoqué par le pédantisme des formalismes – le processus réellement suivi. Pourtant, personne ne sait vraiment répondre à la question ; nous allons discuter un peu ces problèmes en détail, frappant d'estoc et de taille les fausses conceptualisations et mentionnant les quelques lueurs d'espoir.

La *révision* dans les bases de données est incompatible avec la logique classique ; en effet, la seule manière élégante de remplacer A par B serait sous forme d'une implication $A \Rightarrow B$: de A et de $A \Rightarrow B$ on déduit B. Malheureusement, si cela permet l'ajout d'informations, cela empêche la rétraction. Par exemple, je peux essayer de dire : « Créditez P de 200 F », ce qu'on pourrait écrire : $\forall x \, (P[x] \Rightarrow P[x + 200])$; mais en partant de la configuration $P[700]$, on arrive à $P[900]$, sans avoir effacé pour autant $P[700]$, et on peut d'ailleurs continuer et obtenir (toujours en gardant les informations précédentes) $P[1\,100]$, $P[1\,300]$... Le responsable est la règle de contraction qui permet de déduire $P[700] \wedge P[700]$ à partir de $P[700]$, et donc de garder une « copie de sécurité » de cette information avant transformation ; la même règle de contraction permet de réutiliser l'information de crédit jusqu'à la banqueroute finale. La règle d'affaiblissement ne s'en tire pas mieux, car son application permettrait d'ignorer l'instruction de crédit ou, pis, d'effacer $P[700]$ sans raison.

Ces considérations disqualifient *a priori* la logique classique ; la logique linéaire, avec son refus de l'affaiblissement et de la contraction, semble plus prometteuse... voir p. 128.

Le problème des informations *négatives* est encore plus délicat ; de façon très sommaire, on peut l'énoncer sous la forme : « Ce qui est absent est faux. » Une discussion détaillée nous amènera à accepter cette observation fondamentale de l'IA, mais avec un bémol : *seulement dans certains cas*, à préciser. Pour cette thèse, on avancera le fait qu'un train qui n'est pas sur la liste des départs du jour ne part pas, et que cela se sait sans qu'il soit besoin de spécifier : « Il n'y a pas de train pour Lyon à 8 h 47. » Contre cette thèse, il faut avancer la pratique mathématique : quand on parle en algèbre d'un *corps* non commutatif, on ne sous-entend pas du tout que la multiplication n'y est pas commutative, on veut seulement dire que la commutativité n'est pas supposée ; autrement dit, il peut y avoir *absence* d'informations sans conséquence négative. La mutation de l'absence en négation ne peut donc s'opérer que dans certains cas ; d'ailleurs, pour revenir aux trains, l'information « Il n'y a pas de train pour Lyon à 8 h 47 » est elle aussi absente, mais on se garde bien d'en déduire qu'elle est fausse... Le problème se complique encore si on admet en plus un minimum de possibilités de *déduction* (notre troisième thème), car l'« absence » doit alors se décliner par rapport à la

Intelligence artificielle et logique naturelle

conséquence ; ainsi, on peut être amené à vérifier l'absence non seulement de A, mais de synonymes de A.

Si on en reste là, on en est vite réduit aux pires extrémités ; par exemple, dire : « Pour certaines formules A, si A n'est pas démontrable, alors $\neg A$ », etc. C'est impraticable sur machine[8], et ça ne reflète en rien les opérations mentales effectuées. Cela sert de prétexte à l'introduction d'un thème, la *non-monotonie* (c'est ainsi qu'a été rendu l'anglais *non monotonic*, qui veut dire « non croissant »). Les exemples évoqués prouveraient que, contrairement aux systèmes déductifs habituels, où l'ajout de nouvelles informations (axiomes) se solde par un agrandissement de l'ensemble des théorèmes (croissance ou « monotonie »), la logique implicite aux bases de données serait, elle, « non monotone ». Par exemple, si j'ajoute à la main le train de 8 h 47 à l'horaire, ma réponse doit devenir positive, c'est-à-dire qu'une information supplémentaire pourrait détruire une information existante. Nous verrons plus loin que les « logiques » plus ou moins justifiées par cet argument sont tout sauf des logiques, et nous pouvons déjà faire valoir la position de principe que la difficulté ou l'impossibilité de résoudre un problème ne justifient en rien qu'on avance des solutions farfelues ; rappelons-nous la mouvance *Planète* des années 60, au bon temps des *Magiciens*, qui s'appuyait sur des artefacts précolombiens inexpliqués pour vendre des histoires de saladiers volants... Mais ici on peut aller plus loin : la question est mal conceptualisée, car *il n'y a pas de liste sans le mot « fin »*. Expliquons-nous : si je consulte des horaires par

---

[8]. La non-prouvabilité classique n'est même pas semi-décidable ; on sait que les machines sont déjà – indépendamment de toute technologie – incapables de traiter la plupart des problèmes décidables, pour des questions de complexité. Outre son caractère théoriquement incorrect, ce type d'explication n'a même pas l'excuse de l'efficacité, étant donné que le problème de départ (l'absence d'une donnée dans un fichier) se traite concrètement en *temps réel*, c'est-à-dire quasi instantanément. Il est vraisemblable qu'on ne donne de telles « solutions » que parce qu'il n'y a pas d'activité humaine sans bénédiction théorique, fût-elle délirante.

La machine de Turing

Minitel, j'obtiens une liste, avec des numéros d'ordre (qui peuvent être implicites : c'est la notion de « page suivante ») et une instruction de fin (par exemple : « Modifier la demande ») ; c'est toute cette structure qu'il faut prendre en compte, et non pas seulement les éléments de la liste : ici le premier élément, pour chaque élément le suivant s'il y en a un, ou sinon l'information « fin ». Ainsi, quand j'ajoute un nouvel horaire, je détruis une partie de ma structure, puisque j'intercale le train de 8 h 47 entre celui de 6 h 32 et celui de 15 h 40. Si l'horaire est dans un autre fichier, non relié à la SNCF, tout se passe pour nous comme s'il n'était pas là. Pour achever de nous convaincre que nous (et la machine) fonctionnons bien ainsi, imaginons que la communication par Minitel soit coupée accidentellement après la première page, sans que l'on sache encore s'il y en a ou non une seconde : personne n'oserait conclure quoi que ce soit, et on serait temporairement dans un état de suspens analogue à celui que nous avons évoqué au sujet des corps non commutatifs. Ce que nous venons de remarquer dans le cas d'une structure linéaire s'applique tout aussi bien à une structure arborescente ; par exemple, si on cherche à vérifier l'existence d'un client nommé Kurwenal auprès du Banco Ambrosiano, on va examiner successivement une liste de succursales $S_1, \ldots, S_n$ (terminée par le mot « fin ») ; arrivé à S_i, on appelle cette succursale, qui examine sa liste de clients $c_1, \ldots, c_k$ (aussi ponctuée par le mot « fin »), en commençant par c_1 ; si c_j se trouve être Kurwenal, l'information est transmise au centre, sinon on examine c_{j+1}, à moins que c_j ne soit en fin de liste, auquel cas une information négative est transmise au centre, qui passe alors à $S_{i+1}\ldots$ Quand on arrive au mot « fin » dans la liste des succursales, on peut alors assurer que M. Kurwenal n'est pas client. Si on représente les connaissances inscrites sur une base de données au moyen d'un formalisme, il n'y a pas plus de raison d'oublier une partie de cette structure (ici, l'organisation géométrique des

Intelligence artificielle et logique naturelle

données en liste, arbre, etc.) que de faire la liste des informations absentes[9].

Cela remarqué, l'horizon se débouche un peu : les systèmes logiques existants permettent tout à fait d'exprimer élégamment (disons, sous forme d'équivalences logiques) ce que nous venons de faire : par exemple, on peut dire que x est client chez B si et seulement s'il est client chez une des S_i en écrivant : $B[x] \leftrightarrow S_1[x] \vee \ldots \vee Sn[x]$, etc., du moins tant que la structure de la recherche est du type « liste », « arbre », c'est-à-dire acyclique. Malheureusement, cela peut entrer en conflit avec le thème de la révision : ce type de définition appelle des axiomes (ou, mieux, des règles) qu'il est délicat de mettre au jour. En tout cas, nos catégories logiques actuelles (axiomes, règles, etc.) sont sans doute insuffisantes pour rendre compte de la totalité de ces deux questions.

Mais les problèmes de *déduction* peuvent devenir plus dramatiques, car certains peuvent nous faire sortir du cadre d'une structure géométrique dominée. Par exemple, on pourrait s'amuser à chercher les actionnaires – directs ou indirects – d'une société, en donnant pour chaque société la liste de ses actionnaires, personnes physiques ou elles-mêmes sociétés ; il n'est pas du tout clair que ce processus n'engendre pas des boucles du genre : « T actionnaire indirect de T. » La notion d'actionnaire indirect se *déduit* par transitivité de celle d'actionnaire direct. Mais, comme la structure de la recherche est assez aléatoire, il n'est pas du tout certain que la machine soit à même de se rendre compte qu'elle a fini son travail (comment éviter d'être pris dans une boucle, ce trou noir de

---

9. Une machine ne fonctionne pas indépendamment d'une structure de recherches ; ainsi, pour détruire un fichier, il est suffisant d'effacer son adresse : tant que les cases mémoire du fichier ne sont pas réaffectées, le contenu du fichier est toujours là, mais il est normalement inutilisable. La difficulté de l'approche logique tient à ce qu'il faudrait trouver la bonne conceptualisation du *cocktail* « données + structure de recherches » ; ignorer la structure de recherches conduit à des âneries, la mettre trop en évidence aussi. Comme toujours, la logique devrait être à même d'énoncer qu'il y a une structure de recherches tout en la gardant implicite.

l'informatique ?). Dans ces conditions, où le mot « fin » ne s'inscrit pas tout seul, le recours à la négation est douteux. Cela ne veut pas dire qu'il faille baisser les bras, mais seulement faire preuve de discernement quant à la négation, et surtout revenir inlassablement à la machine : une définition logique, même correcte, n'a de sens que si elle correspond à une réalité algorithmique.

5. La paralogique

Le résultat de ces conceptualisations hâtives, c'est un certain nombre de paralogiques. Plutôt que de nous livrer ici à une tératologie de ces systèmes, nous allons parodier un article paralogique. Titre : « Les montres à moutarde, une approche intégrée au temps et à la nourriture. »

– Dans une première étape, on justifie l'adjonction de moutarde à une montre *classique* par le fait que ça peut être utile en cas de fringale ;

– on appelle alors « montre à moutarde *dégénérée* » le cas particulier sans moutarde du tout, et on démontre que les montres à moutarde sont au moins aussi précises que les montres classiques (en exhibant pour chaque montre classique la montre à moutarde dégénérée canoniquement associée) ;

– on conclut sur la supériorité de ces nouvelles montres, dont le cas dégénéré fait déjà aussi bien que les montres classiques...

La généralisation, qui ne fonctionne que dans le cas de base, est un produit typique de ce milieu ; dans les vrais exemples, dont cette parabole s'est inspirée, ce que nous avons rendu par « moutarde » est un morceau de définition particulièrement embrouillé qu'on juxtapose à la logique classique (rendue ici par « montre ») et dont le côté burlesque ne peut être

Intelligence artificielle et logique naturelle

perçu que par les *connoisseurs*. Outre une inflation de définitions, un article de paralogique contient quelques exemples alléchants, mais jamais de théorème ; à partir d'un problème, on fabrique *après coup* un système, comme ces Guillaume Tell du dimanche qui tracent la cible après avoir tiré leur flèche, ou comme l'astronomie pré-copernicienne avec ses cycloïdes qu'il fallait inlassablement actualiser à chaque progrès des mesures (voir Koestler, *op. cit.*). On voit ici s'épanouir la conception d'une science purement bureaucratique qui ne s'intéresse aux faits que *post mortem* ; rappelons que la supériorité de l'astronomie post-copernicienne réside dans son caractère prédictif : ainsi Le Verrier a-t-il pu prévoir l'existence de Neptune à partir des anomalies de la trajectoire d'Uranus.

En termes techniques, le principal acquis de la paralogique, c'est l'abandon du caractère déductif (c'est-à-dire prédictif) de la logique, une régression à un stade pré-aristotélicien. Ainsi des « logiques non monotones », qui sont fondées sur une confusion entre théories et modèles – et rien n'est moins déductif qu'un modèle[10]. Pour mesurer l'étendue des dégâts, donnons l'autre solution qui circule au sujet de Nixon : on accepte $A \wedge \neg A$, mais pas la contradiction qui en résulte... Comme Jacques Vingtras, le sac oui, mais pas la corde !... La

---

10. Un modèle consiste en gros en un choix de valeurs de vérité, « vrai » ou « faux », pour les formules d'un langage. Le *théorème de complétude* (Gödel, 1930) relie les modèles à la prouvabilité en disant que « A est démontrable dans une théorie T si et seulement si A est vrai dans tout modèle de T ». La démonstration la plus connue de la complétude est due à Henkin : on sature progressivement une théorie T en T_1, T_2, T_3, etc., en rajoutant à T_i pour former T_{i+1} la négation $\neg A_i$ d'une formule A_i non prouvable dans T_i ; si tout est fait dans les formes, on récupère finalement un modèle. La construction des T_i est *a priori* impossible sur machine, car on sort du cadre du récursif ou du semi-récursif. C'est ce type de construction que la « logique » non monotone propose pour « mécaniser » le raisonnement. Conceptuellement, il est bon de remarquer que le théorème de complétude établit une *dualité* entre démonstrations et modèles. Un modèle *avère* les théorèmes comme un tampon Jex récure une poêle ; vouloir utiliser un modèle à la place d'un système formel, c'est un peu comme vouloir frire un œuf dans un lave-vaisselle.

La machine de Turing

potion magique, c'est à peu près de mémoriser toutes les déductions faites et de n'appliquer une règle R que si ses prémisses n'ont pas été établies au moyen d'une règle S antagoniste à R. En termes bancaires, c'est comme si, pour lutter contre la *cavalerie* (c'est-à-dire A qui couvre B, lequel couvre C qui à son tour couvre A) ou la banqueroute, on imposait de garder en mémoire, lors de l'émission d'un chèque, toutes les transactions passées, jusqu'aux objets physiques dont l'argent n'est que la forme abstraite ; c'est imparable, mais ça veut dire qu'au moment d'acheter une voiture il faut en plus du chèque *amener sa vache*... Ce retour pur et simple au *troc* devrait être plus radical : abolissons les banques ! En termes logiques, on nous propose ici un cadre purement *explicite*, où le fait d'énoncer un résultat n'implique plus forcément ses cas particuliers : ainsi, pour conclure que $65788943 \times 7229845 = 7229845 \times 65788943$ à partir de la commutativité de la multiplication, il faudrait effectuer quand même le calcul ! Autant dire qu'il n'y a plus de déduction et que le formalisme n'est plus qu'un cadre incantatoire, cabalistique.

L'origine de cette situation peu reluisante, c'est le consensus dans le milieu de l'IA autour d'un certain nombre de *problèmes d'école* ; il s'agit de problèmes abstraits qui sont censés modéliser des questions concrètes. Les problèmes d'école ont une fâcheuse tendance à devenir autonomes, c'est-à-dire à couper le cordon avec la réalité qui les a suscités ; cela n'est tolérable qu'en présence de retombées théoriques importantes.

Le principal problème d'école qui justifie l'activité paralogique, c'est celui de la *cohérence*. Remarquons que ce thème était déjà celui de Hilbert, et que des esprits de premier ordre comme Gödel s'y sont illustrés... Comme quoi, camarade Marx, l'histoire se joue bien toujours deux fois : en vrai, puis en parodie. Au départ, il y a le besoin de gérer les contradictions dans les systèmes experts : « J'ai cinq formules contradictoires, je dois bien faire quelque chose... » Peut-être, mais

Intelligence artificielle et logique naturelle

tel quel (gérer la contradiction dans la logique classique), ce problème est insoluble : un cas familier où se contredisent cinq formules est celui de cinq équations linéaires à quatre inconnues, et personne ne croira à une méthode logique générale s'appliquant à de tels systèmes. Il est curieux, d'ailleurs, que l'on soit prêt à gober dans le domaine scientifique ce qui ne provoquerait qu'un haussement d'épaules dans d'autres domaines (élixirs du Dr Doxey, prêts bancaires à 0 %, etc.) ; c'est peut-être que, quand une affirmation « scientifique » dépasse toutes les limites du grotesque, elle en acquiert une paradoxale vraisemblance…, un élément qui a sans doute joué dans la vogue de l'« histoire » révisionniste, qui n'a pas hésité à nier Treblinka. La négation de l'histoire s'attaque en effet à nos angoisses les plus profondes : réalité du monde, de nos sensations, de la mémoire. Les paralogiciens se contentent – plus modestement et sans arrière-pensée politique – d'une dénégation discrète, mais obstinée, des résultats de Gödel : en effet, leurs solutions passent toujours par des tests de cohérence itérés (prendre A si elle est cohérente), que les théorèmes d'incomplétude et d'indécidabilité nous interdisent à jamais.

Il faudrait répondre quoi qu'il arrive et de plus être cohérent, sans obligation de relation à la réalité : un peu comme, dans l'URSS agonisante, la *langue de bois* triomphante sur fond d'économie exsangue. Mais pourquoi, mon Dieu, faudrait-il répondre à toutes les questions ? Toujours ce réductionnisme, ce mécanisme obsessionnel qui revient, mais avec des sabots que Hilbert n'a jamais osé chausser. D'ailleurs, pour lui aussi, l'ultime but de la logique était externe, et il n'a mis en avant la notion de cohérence que parce qu'elle a une conséquence importante : un système cohérent a un modèle (c'est le sens du théorème de *complétude*), autrement dit la cohérence est productrice d'objets…, mais en logique classique seulement. Chaque nouveauté sécrète sa propre méthodologie : on ne ferre pas plus une voiture qu'on ne donnait d'essence à un cheval, et le problème d'école de la cohérence en IA est tout

La machine de Turing

aussi impraticable et arbitraire que celui de la construction de super-échelles pour aller sur Mars.

Une ultime remarque, de nature plus psychologique : nous avons vu que la logique classique résiste au changement dans le sens où elle ne peut pas effacer d'informations, et aussi dans le sens où c'est un système parfait dans son genre, qu'on ne peut triturer impunément. Mais elle résiste aussi dans l'esprit de ceux-là mêmes qui prétendent la changer, en tant que référence ultime. On insiste lourdement sur la prise en compte de la conséquence classique comme brique élémentaire (par exemple, des considérations de cohérence, qui ne prennent leur sens que classiquement), alors qu'on sait très bien que le système qu'on va proposer violera allègrement ces lois. Or la seule raison de toutes les complications paralogiques, c'est cet *a priori* sur la conséquence classique... On retrouve d'ailleurs ce type de rupture dans toute la parascience : par exemple, les parapsychologues déjà évoqués se placent dans une perspective rationaliste étriquée tant qu'il s'agit de nier les explications « officielles », pour arriver finalement à... la généalogie des empereurs martiens. La mesquinerie de la méthodologie débouche sur une espèce de *merveilleux scientifique*[11], cette version positiviste du miracle...

6. Quelques lueurs d'espoir

D'abord, une position de principe : un sujet sain doit nécessairement sécréter une science à la hauteur. Koestler (*op. cit.*) raconte qu'à la fin du Moyen Age, en plus des cartes offi-

---

11. Abondamment illustré dans la littérature, notamment par Sherlock Holmes : le héros n'a que mépris pour les considérations abstraites, jusqu'à déclarer qu'il ne veut pas savoir qui tourne autour de l'autre, de la Terre ou du Soleil – mais sir Arthur a terminé sa vie en apôtre spirite !

Intelligence artificielle et logique naturelle

cielles de la Terre, avec leurs colonnes d'Hercule, leur paradis, mais qui n'étaient pas très pratiques pour naviguer, circulaient aussi des cartes parallèles (ou *portulans*) montrant le monde tel qu'on le connaissait à l'époque ; finalement, ce sont les portulans qui ont eu le dernier mot..., mais *parce qu'on en avait vraiment besoin*. La paralogique se maintiendra tant qu'on pourra continuer à gérer les bases de données et autres problèmes d'IA au jugé ; avec l'augmentation continuelle de la taille de ces données, avec les risques immenses qui en découlent, on devrait bien finir par éprouver le besoin d'autre chose que de bénédictions « théoriques ».

D'ailleurs, la paralogique n'aura pas eu que des effets négatifs : par sa prétention à remplacer la logique, elle l'a forcée à réfléchir sur elle-même, à se définir par rapport à ses marges. Ainsi, il a bien fallu penser à ce qui pourrait remplacer le vieux coucou de la cohérence : le développement de la théorie de la démonstration (spécialement en logique intuitionniste ou linéaire) a mis en avant l'importance des résultats de *conservation*, qui disent, *grosso modo*, que des parties de savoir disconnectées n'interagissent pas (c'est ce type de propriété qui remplace avantageusement la cohérence). Pour prendre un exemple, mes informations sur l'emploi du temps des tortues aquatiques doivent non seulement être non contradictoires, mais surtout ne pas produire d'horaires de trains inexistants.

Cela s'exprime au moyen du théorème de Gentzen (l'*élimination des coupures*, le grand résultat positif des années 30), que nous allons essayer d'appliquer, dans le cadre de la logique linéaire, à un problème d'école qui a déjà fait couler beaucoup de moutarde : il s'agit du problème de l'oiseau qui ne vole pas. Expliquée brutalement, cette question donne à peu près : les oiseaux volent ; les pingouins sont des oiseaux et pourtant ils ne volent pas. Ce type de questions est de celles qui ne peuvent recevoir aucune solution décente si on prend pour brique de base le raisonnement classique. En effet, la logique classique s'intéresse à des relations pour ainsi dire *objectives*

La machine de Turing

entre les catégories qu'elle manipule (ce qui est très bien pris en compte par la notion de modèle). Mais la classification des animaux, en tant que *taxinomie*, est une activité *subjective*[12]. On peut donc voir les catégories synthétiques, tels « oiseaux », « mammifères », etc., avant tout comme des fictions commodes : il est en effet très pratique de créer une catégorie synthétique avec 200 attributs que les membres de la catégorie partageront à peu près, quitte à en *rétracter* quelques-uns au coup par coup. Faisons le compte : si j'ai 1 000 individus qui possèdent chacun 195 (jamais les mêmes) des 200 attributs, ne pas utiliser la catégorie reviendrait à emmagasiner quelque chose comme 195 000 informations, alors qu'en créant une catégorie – qui peut avoir ou non un sens intéressant par ailleurs – on n'a plus environ que 5 000 données.

Une taxinomie se comporte comme un dictionnaire, c'est-à-dire qu'on fonctionne avec un modèle de déduction limitée, essentiellement en combinant des inclusions et des rétractions, mais sans tout le pouvoir de la logique classique. Pour nous en convaincre, rappelons-nous qu'il fut un temps où Romain Gary et Émile Ajar étaient des entités distinctes dans nos dictionnaires...

Nous allons montrer comment traiter cette forme de raisonnement taxinomique au moyen de la logique linéaire[13]. La logique linéaire comporte deux conjonctions, notées $\otimes$ (fois) et & (avec)[14]. La distinction vient du refus des règles de

---

12. La taxinomie ne réfère pas au monde mais à nous-mêmes ; ainsi l'ancienne classification des espèces en primates, secondates, etc., reflétait-elle surtout les préjugés anthropocentriques de l'époque... Le changement de taxinomie animale est révélateur d'un changement de relation au monde, consécutif au darwinisme.

13. J.-Y. Girard, « La logique linéaire », art. cité.

14. L'intuition vient de la différence entre produit tensoriel et somme directe en algèbre linéaire. La logique linéaire interprète les démonstrations comme des fonctions multilinéaires ; pour cela, elle refuse la contraction et l'affaiblissement, qui introduiraient des dépendances respectivement quadratiques et affines. Le connecteur « ! », qui permet d'utiliser contraction et affaiblissement, est construit en analogie avec l'algèbre symétrique, qui permet de rendre formellement linéaires des dépendances qui ne le sont pas.

Intelligence artificielle et logique naturelle

contraction et d'affaiblissement. Le connecteur ⊗ (fois) ne vérifie pas $A \otimes B$ -o A (-o est l'implication linéaire, dont la nature causale s'exprime dans le fait qu'elle consomme sa prémisse dans la conséquence logique), et il a un élément neutre, noté 1 (on peut identifier sommairement $1 \otimes A$ à A). Par contre, le connecteur & (avec) vérifie la propriété $A \& B$ -o A.

Considérons donc une catégorie synthétique A créée à partir des attributs B, C, D ; si on écrit cela au moyen d'un axiome A -o $(1 \& B) \otimes (1 \& C) \otimes (1 \& D)$, on pourra facilement montrer les relations d'inclusion sous-entendues (par exemple, en utilisant $1 \& B$ -o 1, $1 \& C$ -o C et $1 \& D$ -o 1, on déduit A -o $1 \otimes C \otimes 1$, et donc A -o C). Supposons maintenant que l'on a une catégorie E définie à partir de l'attribut A, dans lequel on rétracte D, et d'un autre attribut F. On peut axiomatiser cette nouvelle situation au moyen de E -o $(1 \& A) \otimes (D$ -o $1) \otimes (1 \& F)$. Si on cherche maintenant les attributs de E, on obtient facilement E -o $(1 \& B) \otimes (1 \& C) \otimes (1 \& D) \otimes (D$ -o $1) \otimes (1 \& F)$; mais il est difficile de conclure à E -o B, faute de pouvoir effacer D -o 1. La seule solution est de transformer $1 \& D$ en D, puis d'utiliser $D \otimes (D$ -o $1)$ -o 1, ce qui nous donne E -o $(1 \& B) \otimes (1 \& C) \otimes (1 \& F)$, une formule dont on peut extraire les inclusions désirées. Observons que l'absence d'affaiblissement nous a servi de façon cruciale pour nous empêcher d'effacer l'instruction D -o $1...$, qui n'est autre qu'« effacez D », et l'absence de contraction pour nous empêcher de faire une copie de sécurité de D avant effacement (la contraction, c'est D -o $D \otimes D$; l'affaiblissement, c'est $G \otimes H$ -o G). Il peut sembler qu'on n'a pas tout à fait rempli le contrat, car on ne trouve pas la négation de D parmi les attributs. Mais rétracter, ce n'est pas nier, c'est passer dans un état de suspens où on ne sait plus rien ; si on veut en plus nier, c'est bien sûr possible, mais il faut le dire explicitement avant.

Mais ce n'est pas tout. On voudrait maintenant utiliser ces définitions de type « dictionnaire » dans un raisonnement clas-

La machine de Turing

sique de type plus conventionnel. Pour cela, la logique linéaire a prévu une opération « ! » (analogue à la construction de l'algèbre symétrique en algèbre linéaire) qui permet de linéariser n'importe quoi (autrement dit, affaiblissement et contraction sont permis sur les formules précédées de « ! ») ; en fait, une utilisation judicieuse de ce symbole permet d'avoir un système mixte, avec des parties classiques, intuitionnistes, linéaires, etc., sans avoir à « changer la règle du jeu ». Dire qu'on s'intéresse à des propriétés classiques de A, ..., F veut tout simplement dire qu'on se restreint à des propositions classiques Φ écrites à l'aide de $\wedge, \vee, \Rightarrow, \neg$, à partir des atomes « classicisés » $!A$, ..., $!F$. Il est clair que, si on pouvait forcer une démonstration de Φ à commencer par un raisonnement taxinomique sur lequel s'enchaîne un raisonnement classique, on aurait gagné et montré que Φ est démontrable si et seulement si elle résulte classiquement des inclusions implicites dans le dictionnaire de départ. Malheureusement, dans un vrai système déductif, une démonstration de Φ peut combiner librement les deux types de raisonnement... Mais, miraculeusement, le théorème d'élimination des coupures de Gentzen montre qu'on peut ramener toute démonstration à la forme désirée.

Observons que tout cela ne fonctionne que parce qu'on sait exactement quels attributs, et combien de fois, effacer. Dans un monde déductif, il est impossible de dire « effacez D partout où il se trouve », pour la bonne raison que D peut apparaître sous une forme déguisée et que le formalisme (ou la machine) ne saura jamais s'il en a fini (toujours le problème du mot « fin »). Ces limitations montrent qu'il y a encore loin de la coupe aux lèvres ; mais il y a quand même une sérieuse lueur d'espoir : l'approche déductive – pourvu qu'on ne la limite pas au cadre classique – n'est en rien disqualifiée.

Nous n'avons traité ici que les problèmes logiques de l'IA ; outre la logique, elle interpelle d'autres aspects des mathématiques – pensons aux problèmes très intéressants liés à la vision, à la reconnaissance des formes..., et qui demandent sans doute une approche géométrique autonome. Mais, si nous avons évoqué l'aspect de *cavalerie* pluridisciplinaire que peut parfois prendre l'IA, ce n'est pas pour nous mettre à balayer devant la porte d'autrui : que chacun secoue son propre paillasson !

Les commentaires négatifs que nous avons été amené à faire ici ne portent que sur la phase actuelle – préscientifique – d'un domaine qui devrait finir par dégager sa méthodologie. Quand le temps aura fait justice des conceptualisations sommaires, on ne retiendra sans doute du bouillonnement actuel que son aspect de défi : l'assouplissement du cadre logique de façon à prendre en compte les principaux aspects du raisonnement. En d'autres termes, le passage de la logique des vérités *universelles* à la logique des réalités *contingentes*. Lors de cette descente sur Terre le tout sera de conserver ses ailes...

4

Les ordinateurs et l'intelligence

Alan Turing

TRADUIT DE L'ANGLAIS
PAR PATRICE BLANCHARD

1. Le jeu de l'imitation

Je propose de considérer la question : « Les machines peuvent-elles penser ? » Il faudrait commencer par définir le sens des termes « machine » et « penser ». Les définitions peuvent être conçues de manière à refléter, autant que possible, l'utilisation normale des mots, mais cette attitude est dangereuse. Si on doit trouver la signification des mots « machine » et « penser » en examinant comment ils sont communément utilisés, il est difficile d'échapper à la conclusion que la signification de la question « Les machines peuvent-elles penser ? » et la réponse à cette question doivent être recherchées dans une étude statistique telle que le sondage d'opinion. Mais cela est absurde. Au lieu de m'essayer à une telle définition, je remplacerai la question par une autre, qui lui est étroitement liée et qui est exprimée en des termes relativement non ambigus.

Le problème reformulé peut être décrit dans les termes d'un jeu que nous appellerons le « jeu de l'imitation ». Il se joue à trois : un homme (A), une femme (B) et un interrogateur (C) qui peut être de l'un ou l'autre sexe. L'interrogateur se trouve dans une pièce à part, séparé des deux autres. L'objet du jeu, pour l'interrogateur, est de déterminer lequel des deux est l'homme et lequel est la femme. Il les connaît sous les appellations X et Y et, à la fin du jeu, il doit déduire soit que « X est A et Y est B », soit que « X est B et Y est A ». L'interrogateur peut poser des questions à A et B de la manière suivante :

C : X peut-il ou peut-elle me dire, s'il vous plaît, quelle est la longueur de ses cheveux ?

La machine de Turing

A supposer à présent que X soit vraiment A, alors A doit répondre. La finalité du jeu pour A est d'essayer d'induire C en erreur. Sa réponse pourrait donc être :

A : « Mes cheveux sont coupés à la garçonne et les mèches les plus longues ont à peu près vingt centimètres de long. »

Pour que le ton de la voix ne puisse pas aider l'interrogateur, les réponses devraient être écrites ou, mieux, dactylographiées. L'installation idéale serait un téléimprimeur communiquant entre les deux pièces. A défaut, les questions et réponses peuvent être répétées par un intermédiaire. L'objet du jeu pour la joueuse (B) est d'aider l'interrogateur. La meilleure stratégie pour elle est probablement de donner des réponses vraies. Elle peut ajouter à ses réponses des choses telles que : « Je suis la femme, ne l'écoutez pas ! », mais cela ne servira à rien, car l'homme peut faire des remarques similaires.

Nous posons maintenant la question : « Qu'arrive-t-il si une machine prend la place de A dans le jeu ? L'interrogateur se trompera-t-il aussi souvent que lorsque le jeu se déroule entre un homme et une femme ? » Ces questions remplacent la question originale : « Les machines peuvent-elles penser ? »

2. Critique du nouveau problème

Au lieu de demander : « Quelle est la réponse à cette nouvelle forme de question ? », on pourrait tout aussi légitimement demander : « La nouvelle question vaut-elle la peine d'être examinée ? » Examinons cette dernière question sans autre forme de procès, coupant par là court à une régression infinie.

Le nouveau problème a l'avantage de tracer une ligne assez nette entre les capacités physiques et intellectuelles de

Les ordinateurs et l'intelligence

l'homme. Aucun ingénieur ou chimiste ne prétend être capable de produire un matériau que rien ne distingue de la peau humaine. Il est possible que cela puisse être fait un jour, mais, même en supposant que cette invention soit réalisée, nous jugerions sans intérêt de rendre une « machine pensante » plus humaine en l'habillant d'une telle chair artificielle. La forme sous laquelle nous avons posé le problème reflète ce fait à travers les conditions qui empêchent l'interrogateur de voir ou de toucher les autres participants, ou d'entendre leurs voix. On peut montrer d'autres avantages du critère proposé à travers un spécimen de questions et de réponses.

Ainsi :

C : Pouvez-vous, s'il vous plaît, m'écrire un sonnet au sujet du pont de la rivière Forth ?

A : Ne comptez pas sur moi pour ça. Je n'ai jamais réussi à écrire de la poésie.

C : Ajoutez 34 957 à 70 764.

(Un silence d'à peu près trente secondes, puis vient la réponse.)

A : 105 721.

C : Jouez-vous aux échecs ?

A : Oui.

C : J'ai mon roi en C8 et aucune autre pièce. Vous avez seulement votre roi en C6 et une tour en A1. C'est à vous de jouer, que jouez-vous ?

A (*après un silence de quinze secondes*) : Tour en A8, échec et mat.

La méthode des questions et réponses semble être adaptée pour introduire presque n'importe quel champ des capacités humaines que nous souhaitons inclure. Nous ne souhaitons pas pénaliser la machine pour son incapacité à briller dans des concours de beauté, et nous ne voulons pas pénaliser l'homme parce qu'il perd quand il court contre un avion. Les conditions de notre jeu rendent ces incapacités non pertinentes. S'ils le jugent souhaitable, les « témoins » peuvent se vanter autant qu'il leur plaît à propos de leurs charmes, de leur force ou de leur héroïsme. Mais l'interrogateur ne peut exiger une démonstration pratique.

Il est peut-être possible de critiquer le jeu sous le prétexte que la machine y est lourdement désavantagée. Si l'homme essayait de faire semblant d'être la machine, il est clair qu'il s'en sortirait fort mal. Il serait immédiatement trahi par sa lenteur et son inexactitude en arithmétique. Les machines ne peuvent-elles pas exécuter quelque chose qui relève d'une forme de « pensée », mais qui est très différent de ce qu'un homme fait ? Cette objection est très forte, mais nous pouvons au moins dire que, s'il est possible de construire une machine pour qu'elle joue le jeu de l'imitation de manière satisfaisante, nous n'avons pas besoin de nous occuper de cette objection.

On pourrait objecter que, lorsqu'elle joue au jeu de l'imitation, la meilleure stratégie pour la machine peut être autre que l'imitation du comportement humain. C'est possible, mais je pense qu'il est probable que cela n'ait pas beaucoup d'influence. De toute façon, nous n'avons pas l'intention d'étudier ici la théorie du jeu, et l'on présupposera que la meilleure stratégie est d'essayer de fournir des réponses qui seraient naturellement données par l'homme.

3. Les machines pouvant prendre part à ce jeu

La question que nous avons posée dans la section 1 ne sera totalement définie que lorsque nous aurons spécifié ce que le mot « machine » signifie.

Il est naturel que nous souhaitions permettre l'utilisation, dans nos machines, de n'importe quel type de technologie. Nous voulons aussi accepter la possibilité qu'un ingénieur, ou

Les ordinateurs et l'intelligence

une équipe d'ingénieurs, puisse construire une machine qui fonctionne, mais dont les modalités de fonctionnement ne peuvent être décrites de manière satisfaisante par ses constructeurs, parce qu'ils ont appliqué une méthode en grande partie expérimentale.

Nous souhaitons enfin exclure de la catégorie des machines les hommes nés de la manière habituelle. Il est difficile d'élaborer des définitions qui satisfassent à ces trois conditions. On pourrait, par exemple, requérir que les ingénieurs soient tous du même sexe, mais cela ne serait pas vraiment satisfaisant, car il est probablement possible de créer un individu complet à partir d'une seule cellule (disons) de la peau d'un homme. Le faire serait un exploit de la technique biologique méritant les plus hauts éloges, mais nous ne serions pas tenté de le considérer comme un cas de « construction de machine pensante ». Ce qui nous pousse à abandonner l'idée d'accepter toutes les techniques. Nous sommes d'autant plus disposé à le faire que l'intérêt actuel pour les « machines pensantes » a été soulevé par un type particulier de machine, habituellement appelé « calculateur électronique », ou « ordinateur ». A la suite de cette suggestion, nous n'autoriserons que les ordinateurs à prendre part à notre jeu.

Cette restriction semble être, à première vue, très rigoureuse, j'essaierai de montrer qu'en réalité il n'en est rien. Pour ce faire, un bref exposé sur la nature et les propriétés des ordinateurs est nécessaire.

On peut dire aussi que cette identification des machines aux ordinateurs de même que mon critère de la « pensée » ne seront inadéquats que si (contrairement à ce que je crois) il se trouve que les ordinateurs sont incapables d'obtenir de bons résultats dans le jeu.

Il existe déjà un certain nombre d'ordinateurs en état de marche, et l'on peut se demander : « Pourquoi ne pas tenter l'expérience tout de suite ? Il serait facile de satisfaire aux conditions du jeu. On pourrait utiliser un certain nombre

La machine de Turing

d'interrogateurs et recueillir des données statistiques pour montrer la fréquence selon laquelle la bonne réponse est donnée. » Nous dirons, pour répondre brièvement, que nous ne nous demandons pas si tous les ordinateurs obtiendraient des résultats satisfaisants dans le jeu, ni si les ordinateurs actuellement disponibles obtiendraient ces résultats, mais s'il existe des ordinateurs imaginables qui les obtiendraient. Mais cela n'est qu'une réponse rapide. Nous examinerons plus loin cette question sous un jour différent.

4. Les ordinateurs

On peut expliquer l'idée qui est à l'origine des calculateurs numériques en disant que ces machines sont destinées à mener à bien toutes les opérations qu'un calculateur humain pourrait effectuer. Le calculateur humain est censé suivre des règles fixes ; il n'a pas l'autorisation de s'en éloigner si peu que ce soit. Nous pouvons supposer que ces règles lui sont fournies dans un livre, qui est modifié chaque fois qu'on lui donne un nouveau travail. Il dispose aussi d'une quantité illimitée de papier, sur lequel il fait ses calculs. Il peut encore faire ses multiplications et ses additions sur une « machine de bureau », mais cela n'a pas d'importance.

Si nous utilisons l'explication ci-dessus comme définition, le danger sera la circularité de l'argumentation. Nous l'évitons en donnant les grandes lignes des moyens par lesquels l'effet désiré est obtenu. On peut habituellement considérer qu'un ordinateur est composé de trois parties :
1) une mémoire ;
2) une unité d'exécution ;
3) une unité de contrôle.

La mémoire est une réserve d'informations et correspond

Les ordinateurs et l'intelligence

au papier du calculateur humain, que ce soit le papier sur lequel il fait ses calculs ou celui sur lequel est imprimé son livre de règles. Dans la mesure où le calculateur humain fait des calculs dans sa tête, une partie de la mémoire correspondra à sa mémoire.

L'unité d'exécution est la partie qui effectue les différentes opérations individuelles qu'un calcul comporte. Ces opérations individuelles varieront d'une machine à l'autre. La machine peut habituellement exécuter des opérations relativement longues, telles que : « Multipliez 3 540 675 445 par 7 076 345 687 », mais dans certaines machines seules des opérations très simples, comme « Écrivez 0 », sont possibles.

Nous avons mentionné que le livre des règles fourni au calculateur est remplacé dans la machine par une partie de la mémoire. On l'appelle alors la *table des instructions*. C'est le rôle de l'unité de contrôle de vérifier que ces instructions sont correctement exécutées et dans le bon ordre. L'unité de contrôle est faite de telle manière que cela se produit nécessairement.

Les informations stockées dans la mémoire sont habituellement réparties en groupes de taille modérée. Dans une machine, par exemple, un groupe pourrait être constitué par dix chiffres décimaux. Des numéros sont attribués, de manière systématique, aux parties de la mémoire dans lesquelles les différents groupes d'informations sont enregistrés. Une instruction typique pourrait être :

« Ajoutez le nombre enregistré dans la position 6809 à celui qui est en 4302 et enregistrez le résultat dans cette dernière position. »

Il est inutile de dire que cela n'apparaîtra pas en français dans la machine, mais se trouvera probablement codé dans une forme telle que : 6 809 430 217. Ici, 17 indique laquelle des différentes opérations possibles doit être exécutée à partir des deux nombres. Dans ce cas, l'opération est celle décrite ci-dessus, c'est-à-dire : « Ajoutez le nombre... » On remarquera que l'instruction a dix chiffres, et qu'elle forme ainsi un groupe d'informations facile à manipuler. L'unité de contrôle suivra normalement les instructions auxquelles elle doit obéir dans l'ordre des positions dans lesquelles elles sont enregistrées, mais on peut à l'occasion rencontrer une instruction comme :

« Obéissez maintenant à l'instruction enregistrée dans la position 5 606, et continuez à partir de là. »

Ou encore :

« Si la position 4 505 contient 0, obéissez ensuite à l'instruction enregistrée en 6 707, sinon continuez directement. »

Les instructions de ce dernier type sont très importantes, car elles rendent possible la répétition continue d'une suite d'opérations jusqu'à ce qu'une condition quelconque soit remplie, cependant que la machine obéit non pas à de nouvelles instructions à chaque répétition, mais aux mêmes.

Pour employer une analogie domestique, supposons que la mère de Tommy veuille qu'il passe chez le cordonnier tous les matins en allant à l'école pour voir si ses chaussures sont prêtes ; elle peut le lui redemander tous les matins, ou alors placer une fois pour toutes dans l'entrée une note qu'il verra à son départ pour l'école et qui lui dit de passer chez le cordonnier et aussi de détruire la note à son retour s'il ramène les chaussures.

Le lecteur doit accepter comme un fait établi que les ordinateurs peuvent être, et ont été, construits suivant les principes que nous avons décrits, et qu'ils peuvent en fait imiter de très près les actions d'un calculateur humain.

Le livre de règles dont nous avons dit que notre calculateur humain se servait était bien sûr une fiction commode. Les vrais calculateurs humains se rappellent en effet ce qu'ils ont à faire. Si l'on veut faire imiter par une machine les comportements du calculateur humain dans quelque opération complexe, on doit lui demander comment il fait, puis traduire la réponse sous la forme d'une table d'instructions, autrement

Les ordinateurs et l'intelligence

dit : un *programme*. « Programmer une machine pour exécuter l'opération *A* » veut dire : mettre dans la machine la table d'instructions appropriée pour qu'elle exécute *A*.

Une variante intéressante de l'idée d'ordinateur est l'« ordinateur avec un élément de hasard ». Ces ordinateurs comportent des instructions qui incluent le jet d'un dé, ou tout autre procédé électronique équivalent. Une telle instruction peut par exemple être :

« Jetez le dé, et mettez le nombre obtenu dans la mémoire 1 000. » On décrit parfois une telle machine comme ayant un libre arbitre (bien que je n'utiliserais pas cette expression moi-même). Il n'est pas possible normalement de déterminer à partir de l'observation d'une machine si elle possède un élément de hasard, car un effet similaire peut être obtenu par des moyens tels que celui de faire dépendre les choix des décimales de π.

La plupart des ordinateurs existants ont seulement une mémoire fixe. Il n'y a pas de difficulté théorique à concevoir un ordinateur avec une mémoire illimitée. Bien entendu, seule une partie finie peut être utilisée à la fois. De même, on a pu seulement en construire une quantité finie, mais nous pouvons imaginer que l'on en rajoutera autant qu'il sera nécessaire. De tels ordinateurs ont un intérêt théorique particulier et on les appellera « ordinateurs à capacité infinie ».

L'idée d'ordinateur est ancienne. Charles Babbage, *Lucasian Professor of Mathematics* à Cambridge de 1828 à 1839, avait conçu une telle machine, appelée « machine analytique », mais elle ne fut jamais terminée. Bien que Babbage ait eu toutes les idées essentielles, sa machine ne représentait pas à l'époque un projet très intéressant. La vitesse qu'elle aurait pu atteindre aurait été nettement plus grande que celle d'un calculateur humain, mais quelque chose comme 100 fois plus faible que celle de la machine de Manchester, qui est l'une des machines modernes les plus lentes. La mémorisation devait être purement mécanique, utilisant des rouages et des cartes.

La machine de Turing

Le fait que la machine analytique de Babbage ait dû être entièrement mécanique nous aidera à nous débarrasser d'une superstition. On attache souvent de l'importance au fait que les ordinateurs modernes sont électriques et que le système nerveux aussi est électrique. Puisque la machine de Babbage n'était pas électrique, et puisque tous les ordinateurs lui sont en un sens équivalents, nous voyons que l'utilisation de l'électricité ne peut guère avoir d'importance théorique. On trouve, bien sûr, habituellement l'électricité là où l'on a besoin de signaux rapides, ainsi il n'est pas surprenant que nous la trouvions dans les deux cas.

Dans le système nerveux, les phénomènes chimiques sont au moins aussi importants que les phénomènes électriques. Dans certains ordinateurs le système de mémorisation est principalement acoustique. On voit donc que l'utilisation de l'électricité n'est qu'une similarité très superficielle. Si nous souhaitons découvrir de telles similarités, nous devrions plutôt chercher des analogies mathématiques de fonction.

5. Universalité des ordinateurs

Les ordinateurs considérés dans la section ci-dessus peuvent être classés parmi les « machines à états discrets ». Ce sont des machines qui passent par bonds soudains d'un état parfaitement défini à un autre. Ces états sont suffisamment différents pour que toute possibilité de confusion entre eux soit négligeable. A strictement parler, il n'existe pas de telles machines. En réalité, tout bouge de manière continue. Mais il y a de nombreux types de machines qu'il vaut mieux *considérer* comme des machines à états discrets. Par exemple, si l'on considère les interrupteurs d'un éclairage, c'est une fiction commode de dire que chaque interrupteur doit être nette-

Les ordinateurs et l'intelligence

ment ouvert ou nettement fermé. Il doit bien y avoir des positions intermédiaires, mais dans la plupart des cas nous pouvons l'oublier. Comme exemple d'une machine à états discrets, nous pourrions envisager une roue qui tourne d'un cran de 120° une fois par seconde, mais qui peut être arrêtée à l'aide d'un levier manipulé de l'extérieur ; de plus, une lampe s'allume dans l'une des positions de la roue. Cette machine pourrait, dans l'abstrait, être décrite comme suit : l'état interne de la machine (qui est décrit par la position de la roue) peut être q_1, q_2 ou q_3. Il y a un signal d'entrée i_0 ou i_1 (position du levier). L'état interne est déterminé à tout moment par le dernier état et le signal d'entrée, suivant le tableau ci-dessous :

		Dernier état		
		q_1	q_2	q_3
Entrée	i_0	q_2	q_3	q_1
	i_1	q_1	q_2	q_3

Les signaux de sortie, la seule indication externe visible de l'état interne (la lumière), sont décrits par le tableau :

État	q_1	q_2	q_3
Sortie	o_0	o_0	o_1

Cet exemple est typique des machines à états discrets. Elles peuvent être décrites par de telles tables, pourvu qu'elles aient seulement un nombre fini d'états possibles. Il apparaîtra que, à partir d'un état initial donné de la machine et de signaux d'entrée, il est toujours possible de prédire tous les états futurs. Cela nous rappelle les vues de Laplace selon lesquelles à partir de l'état complet de l'Univers à un moment donné, avec la description de la position et de la vitesse de toutes les particules, il serait possible de prédire tous les états futurs. La prédiction que nous envisageons est, cependant, relativement plus effective que celle que Laplace considère. Le système de l'« Univers dans sa totalité » est tel que des erreurs absolument minimes dans les conditions initiales peuvent avoir un

La machine de Turing

effet démesuré dans le futur. Le déplacement d'un seul électron d'un milliardième de centimètre à un moment donné peut faire qu'un homme sera tué par une avalanche un an plus tard, ou en réchappera. Une des propriétés essentielles des systèmes mécaniques que nous avons appelés « machines à états discrets » est que ce phénomène ne se produit pas. Même quand nous considérons des machines matériellement réelles au lieu de machines idéales, une connaissance raisonnablement exacte de l'état de la machine à un moment donné entraîne une connaissance exacte de son état à un moment ultérieur donné.

Comme nous l'avons mentionné, les ordinateurs sont classés parmi les machines à états discrets. Mais le nombre d'états dont une telle machine est capable est habituellement extrêmement grand. Par exemple, le nombre d'états pour la machine qui fonctionne maintenant à Manchester est à peu près de $2^{165\,000}$, c'est-à-dire à peu près $10^{50\,000}$. Comparez cela avec notre exemple de la roue décrite ci-dessus, qui avait trois états. Il n'est pas difficile de comprendre pourquoi le nombre d'états doit être si important. L'ordinateur comporte une mémoire correspondant au papier utilisé par un calculateur humain. Il doit être possible d'inscrire dans la mémoire chacune des combinaisons de symboles qui peuvent être écrites sur le papier. Pour la simplicité, supposons que seuls les chiffres de 0 à 9 sont utilisés comme symboles. Les différences d'écriture ne sont pas prises en compte. Supposons que le calculateur ait 100 feuilles de papier ayant chacune 50 lignes pouvant contenir chacune 30 chiffres. Alors le nombre d'états est de : $10^{100 \times 50 \times 30}$, c'est-à-dire $10^{150\,000}$. C'est à peu près le nombre d'états de trois machines de Manchester. Le logarithme de base 2 du nombre d'états est habituellement appelé « capacité de mémoire » de la machine. Ainsi, la machine de Manchester a une capacité de mémoire d'à peu près 165 000, et la machine à roue de notre exemple d'à peu près 1,6. Si l'on met deux machines ensemble, il faut addi-

Les ordinateurs et l'intelligence

tionner leurs capacités pour obtenir la capacité de la machine ainsi obtenue. Cela rend possibles des affirmations comme : « La machine de Manchester contient 64 pistes magnétiques, chacune avec une capacité de 2 560, 8 tubes électroniques avec une capacité de 1 280. Diverses mémoires totalisant à peu près 300, cela fait un total de 174 880. »

Si l'on dispose de la table correspondant à une machine à états discrets, il est possible de prédire ce qu'elle fera. Il n'y a aucune raison pour que ce calcul ne puisse pas être exécuté au moyen d'un ordinateur. Pourvu qu'il puisse être exécuté suffisamment rapidement, l'ordinateur pourrait imiter ainsi le comportement de n'importe quelle machine à états discrets. Le jeu de l'imitation pourrait donc se jouer entre la machine en question (en tant que B), l'ordinateur qui l'imite (en tant que A) ; l'interrogateur serait incapable de les distinguer. L'ordinateur doit bien sûr avoir une capacité adéquate ainsi qu'une vitesse de travail suffisamment grande. De plus, il doit être re-programmé pour chaque nouvelle machine que nous désirons lui faire imiter.

On décrit cette propriété particulière des ordinateurs (qu'ils puissent imiter n'importe quelle machine discrète) en disant que ce sont des *machines universelles*. L'existence de machines possédant cette propriété entraîne la conséquence importante, en dehors de toute considération de vitesse, qu'il est inutile de concevoir différentes nouvelles machines pour réaliser différentes opérations de calcul. Elles peuvent être effectuées à l'aide d'un seul ordinateur, convenablement programmé pour chaque cas. On verra qu'en conséquence tous les ordinateurs sont en un sens équivalents.

Nous pouvons maintenant envisager de nouveau le problème soulevé à la fin de la section 3. Il a été suggéré à titre d'expérience que la question « Les machines peuvent-elles penser ? » devrait être remplacée par : « Peut-on imaginer des ordinateurs qui fassent bonne figure dans le jeu de l'imitation ? » Si nous le souhaitons, nous pouvons rendre cette question superficiellement plus générale et demander : « Y a-t-il des machines à états discrets qui puissent y faire bonne figure ? » Mais, eu égard à la propriété d'universalité, nous voyons que chacune de ces deux questions est équivalente à celle-ci : « Fixons notre attention sur un ordinateur particulier O. Est-il vrai que, en modifiant cet ordinateur pour avoir une capacité de mémoire adéquate, en accroissant de manière satisfaisante sa vitesse de travail, et en lui fournissant un programme approprié, on peut faire jouer à O le rôle de A dans le jeu de l'imitation, le rôle de B étant tenu par un homme ? »

6. Vues contradictoires sur la question principale

Nous pouvons maintenant considérer que nous avons déblayé le terrain, et que nous sommes prêts à entrer dans le débat sur notre question « Les machines peuvent-elles penser ? » et sa variante citée à la fin du paragraphe précédent. Nous ne pouvons pas complètement abandonner la forme originale du problème, car les opinions différeront en ce qui concerne la validité de la substitution, et nous devons au moins être attentifs à ce qui peut être dit sur ce point.

Cela simplifiera les choses pour le lecteur si j'expose d'abord mes propres vues sur le sujet. Examinons, en premier lieu, la question sous sa forme la plus précise. Je crois que dans une cinquantaine d'années il sera possible de programmer des ordinateurs, avec une capacité de mémoire d'à peu près 10^9, pour les faire si bien jouer au jeu de l'imitation qu'un interrogateur moyen n'aura pas plus de 70 % de chances de procéder à l'identification exacte après cinq minutes d'interrogation.

Je crois que la question originale « Les machines peuvent-elles penser ? » a trop peu de sens pour mériter une discussion. Néanmoins, je crois qu'à la fin du siècle l'usage, les mots

Les ordinateurs et l'intelligence

et l'éducation de l'opinion générale auront tant changé que l'on pourra parler de machines pensantes sans s'attendre à être contredit. Je crois de plus qu'il ne sert à rien de dissimuler ces croyances. L'idée populaire selon laquelle les savants avancent inexorablement d'un fait bien établi à un autre, sans être influencés par des hypothèses non vérifiées, est absolument fausse. Pourvu que nous sachions clairement quels sont les faits prouvés et quelles sont les hypothèses, aucun mal ne peut en résulter. Les hypothèses sont de grande importance puisqu'elles suggèrent d'utiles voies de recherches.

Je vais maintenant envisager les opinions opposées à la mienne.

1. *L'objection théologique*

Penser est une fonction de l'âme immortelle de l'homme. Dieu a donné une âme immortelle à tout homme ou femme, mais à aucun animal ni à aucune machine. En conséquence, ni l'animal ni la machine ne peuvent penser[a].

Je ne peux accepter en rien cette objection, mais j'essaierai d'y répondre en termes théologiques. Je trouverais l'argument plus convaincant si les animaux étaient classés avec les hommes, car il y a une plus grande différence, à mon avis, entre l'animé et l'inanimé qu'il n'y en a entre l'homme et les autres animaux. Le caractère arbitraire du point de vue orthodoxe devient plus clair si nous considérons comment il pourrait apparaître à un membre de quelque autre communauté religieuse. Comment les chrétiens considèrent-ils l'opinion

---

a. Il est possible que cette vue des choses soit hérétique. Saint Thomas d'Aquin (*Somme théologique* ; cité par Bertrand Russell, *A History of Western Philosophy*, New York, Simon et Schuster, 1945, p. 458) dit que Dieu ne peut pas faire qu'un homme n'ait pas d'âme. Mais il se peut que cela ne soit pas une restriction réelle de Ses pouvoirs mais seulement un résultat du fait que l'âme humaine est immortelle, et donc indestructible.

La machine de Turing

musulmane : « Les femmes n'ont pas d'âme » ? Mais laissons cela de côté, et revenons à la discussion principale. Il m'apparaît que l'argument énoncé ci-dessus implique une sérieuse restriction de la toute-puissance de Dieu. Il est admis qu'il y a certaines choses qu'Il ne peut faire, comme de faire que 1 soit égal à 2, mais ne devrions-nous pas croire qu'Il a la liberté de donner une âme à un éléphant si cela lui semble convenable ? Nous pourrions nous attendre à ce qu'Il exerce seulement ce pouvoir en conjonction avec une mutation qui fournirait à l'éléphant un cerveau convenablement amélioré pour s'occuper des besoins de son âme. On peut imaginer un argument similaire pour le cas des machines, qui peut sembler différent parce qu'il est plus difficile à « avaler ». Mais cela signifie seulement que nous envisageons comme moins probable l'éventualité qu'Il considère que les circonstances sont favorables pour qu'Il leur donne une âme. On discutera les circonstances en question dans la suite de ce texte.

En essayant de construire de telles machines, nous ne devrions pas plus usurper irrévérencieusement Ses pouvoirs de créer des âmes que nous ne le faisons en engendrant des enfants : nous sommes plutôt, dans les deux cas, des instruments de Sa volonté, fournissant des demeures aux âmes qu'Il crée.

Cependant, cela est pure spéculation. Les arguments théologiques m'impressionnent peu, quel que soit l'objet qu'ils défendent. De tels arguments se sont souvent montrés peu satisfaisants dans le passé. Au temps de Galilée, on disait que les textes « Et le soleil s'arrêta [...] et ne se hâta pas de se cacher pendant toute une journée » (Jos X,13) et « Il posa les fondations de la Terre pour qu'elle ne bouge à aucun moment » (Ps CV,5) étaient une réfutation appropriée de la théorie copernicienne. Avec nos connaissances actuelles, un tel argument paraît futile. Quand ces connaissances n'étaient pas établies, il faisait une impression tout à fait différente.

Les ordinateurs et l'intelligence

2. L'objection de l'autruche

« Le fait que les machines pensent aurait des conséquences trop terribles. Il vaut mieux croire et espérer qu'elles ne peuvent pas le faire. » L'argument est rarement exprimé aussi ouvertement que ci-dessus. Mais il affecte la plupart de ceux d'entre nous qui réfléchissent à ce sujet. Nous aimerions croire que l'homme est de quelque subtile façon supérieur au reste de la Création. Il serait encore mieux de pouvoir montrer qu'il est *nécessairement* supérieur, car alors il n'y aurait aucun risque qu'il perde sa position dominante. La popularité de l'argument théologique est clairement liée à ce sentiment. Il sera probablement plus fort parmi les intellectuels, puisqu'ils valorisent plus que les autres la capacité de penser comme base de leur croyance en la supériorité de l'homme. Je ne pense pas que cet argument soit suffisamment substantiel pour rendre nécessaire une réfutation. La consolation serait plus appropriée : peut-être devrait-on la chercher dans la métempsycose.

3. L'objection mathématique

Un certain nombre de résultats de la logique mathématique peuvent être utilisés pour montrer qu'il y a des limites aux pouvoirs des machines à états discrets. Le plus connu de ces résultats l'est sous le nom de *théorème de Gödel* et montre que dans tout système logique suffisamment puissant on peut formuler des affirmations qui ne peuvent ni être prouvées ni être réfutées à l'intérieur du système, à moins que le système lui-même ne soit inconsistant. Il existe d'autres résultats, similaires à certains égards, dus à Church, Kleene, Rosser et Turing. Le dernier de ces résultats est le plus pratique à examiner, puisqu'il se réfère directement aux machines, alors que les autres ne peuvent être utilisés que comme des arguments comparativement

La machine de Turing

indirects : par exemple, si l'on utilise le théorème de Gödel, il nous faut en plus nous donner des moyens de décrire les systèmes logiques en termes de machines, et les machines en termes de systèmes logiques. Le résultat en question se réfère à un type de machine qui est essentiellement un ordinateur à capacité infinie. Ce résultat établit qu'il y a certaines choses qu'une telle machine ne peut pas faire. Si elle est programmée pour répondre à des questions, comme dans le jeu de l'imitation, il y aura certaines questions auxquelles soit elle donnera une réponse fausse, soit elle ne donnera pas de réponse du tout, quel que soit le temps qui lui sera imparti pour répondre. Il se peut bien sûr qu'il y ait beaucoup de questions de ce genre, et des questions auxquelles une machine donnée ne saura pas répondre obtiendront peut-être une réponse satisfaisante de la part d'une autre. Nous supposons bien sûr pour le moment des questions appelant une réponse en « oui » ou en « non », plutôt que des questions telles que : « Que pensez-vous de Picasso ? » Nous savons que les machines doivent échouer dans des questions du type : « Considérez la machine spécifiée comme suit... Cette machine répondra-t-elle "oui" à n'importe quelle question ? » Les points de suspension doivent être remplacés par la description d'une machine de forme standard, qui pourrait ressembler à celle qui figure dans la section 5. Quand la machine décrite présente une relation évidente et comparativement simple avec la machine que l'on interroge, on peut montrer soit que la réponse est fausse, soit qu'elle n'apparaîtra jamais. Voici le résultat mathématique : on en déduit que cela prouve une incapacité des machines, qui ne se retrouve pas dans l'esprit humain.

Pour répondre brièvement à cet argument, il faut dire que, bien qu'il soit établi qu'il y a des limites à la puissance de n'importe quelle machine, il a seulement été affirmé, sans aucune sorte de preuve, que de telles limites ne s'appliquaient pas à l'esprit humain. Mais je ne pense pas que nous puissions rejeter ce point de vue si légèrement. Chaque fois que l'on pose à l'une de ces machines la question cruciale appropriée et qu'elle donne une réponse définie, nous savons que cette réponse est forcément fausse, ce qui nous procure un certain sentiment de supériorité. Ce sentiment est-il illusoire ? Il est sans aucun doute tout à fait sincère, mais je ne pense pas qu'il faille y attacher trop d'importance. Nous donnons nous-mêmes trop souvent des réponses fausses à des questions pour que nous ayons le droit de nous réjouir d'une telle preuve de la faillibilité des machines. Nous ne pouvons de plus, en de telles occasions, ressentir notre supériorité que par rapport à la machine particulière sur laquelle nous avons remporté un triomphe insignifiant. Il est exclu de triompher simultanément de *toutes* les machines. En bref, il se peut qu'il y ait des hommes plus intelligents que n'importe quelle machine donnée, mais il se peut aussi qu'il y ait d'autres machines encore plus intelligentes, et ainsi de suite. Ceux qui tiennent à l'argument mathématique accepteraient pour la plupart volontiers, à mon avis, le jeu de l'imitation comme base de discussion. Ceux qui croient aux deux objections précédentes ne s'intéresseraient probablement à aucun critère.

4. L'argument issu de la conscience

Cet argument est très bien exprimé dans le discours Lister de 1949 du professeur Jefferson, dont j'extrais cette citation : « Nous ne pourrons pas accepter l'idée que la machine égale le cerveau jusqu'à ce qu'une machine puisse écrire un sonnet ou composer un concerto à partir de pensées ou d'émotions ressenties et non pas en choisissant des symboles au hasard, et non seulement l'écrire, mais savoir qu'elle l'a écrit. Aucun mécanisme ne pourrait ressentir (et non pas simplement produire artificiellement un signal, ce qui relève d'un artifice facile) du plaisir quand il réussit, du chagrin quand ses lampes grillent ; il ne serait pas ému par la flatterie, malheureux de ses erreurs, charmé par le sexe, et ne se mettrait pas en colère ou ne se sentirait pas déprimé quand il ne peut pas obtenir ce qu'il veut. »

Cet argument revient à nier la validité de notre test. Selon ce point de vue extrême, la seule manière dont on pourrait s'assurer qu'une machine pense serait d'*être* la machine et de ressentir qu'on pense. On pourrait alors décrire ces sentiments au monde, mais bien sûr personne n'aurait de raisons d'en tenir compte. De même, suivant ce point de vue, la seule manière de savoir qu'un *homme* pense est d'être cet homme lui-même.

C'est en fait le point de vue solipsiste. Il se peut que ce soit la position la plus logique à tenir, mais cela rend difficile la communication des idées. A est enclin à croire que « A pense, mais B ne pense pas » ; de son côté, B croit que « B pense, mais pas A ». Au lieu de discuter continuellement ce point, on utilise habituellement la convention polie stipulant que tout le monde pense.

Je suis sûr que le professeur Jefferson ne souhaite pas adopter ce point de vue extrême et solipsiste. Il accepterait probablement volontiers le jeu de l'imitation comme test. Le jeu (en omettant le joueur B) est fréquemment utilisé en pratique sous le nom d'*examen oral* pour découvrir si quelqu'un comprend véritablement quelque chose ou a « appris comme un perroquet ». Imaginons une partie d'un tel examen :

L'examinateur : Dans le premier vers de votre sonnet qui dit : « Te comparerais-je à un jour d'été », est-ce que « un jour de printemps » serait aussi bien ou mieux ?

Le témoin : Cela ne rimerait pas.

L'examinateur : Et « un jour d'hiver » ? Cela rimerait très bien [1]...

Le témoin : Oui, mais personne n'a envie d'être comparé à un jour d'hiver.

---

1. En anglais, *summer* (été) et *winter* (hiver) ont les mêmes caractéristiques prosodiques. Alors que celles de *spring* (printemps) sont différentes *(NdT)*.

L'examinateur : Diriez-vous que M. Pickwick vous fait penser à Noël ?
Le témoin : D'une certaine manière, oui.
L'examinateur : Et pourtant Noël est un jour d'hiver, et je ne pense pas que la comparaison ennuierait M. Pickwick.
Le témoin : Je ne pense pas que vous soyez sérieux. Par « un jour d'hiver », on veut dire un jour d'hiver typique, plutôt qu'une journée spéciale comme Noël.
Et ainsi de suite.

Que dirait le professeur Jefferson si la machine à écrire des sonnets était capable de répondre ainsi à un examen ? Je ne sais pas s'il considérerait que la machine « produit simplement et artificiellement un signal » avec ces réponses, mais si les réponses étaient aussi satisfaisantes et fermes que dans le passage ci-dessus, je ne pense pas qu'il la décrirait comme un « artifice facile ». Cette expression a, je pense, pour but de recouvrir des dispositifs comme l'inclusion dans la machine de l'enregistrement de quelqu'un lisant un sonnet, qu'un système approprié mettrait en marche de temps en temps.

Donc, en bref, je pense que l'on pourrait persuader la plupart de ceux qui soutiennent l'argument issu de la conscience de l'abandonner plutôt que d'être contraints d'adopter la position solipsiste. Ils accepteront alors probablement volontiers notre test.

Je ne voudrais pas donner l'impression de penser qu'il n'y a pas de mystère relatif à la conscience. Il y a, par exemple, une sorte de paradoxe lié à toute tentative faite pour la localiser. Mais je ne crois pas que ces mystères doivent nécessairement être résolus avant que nous puissions répondre à la question qui nous intéresse ici.

La machine de Turing

5. *Les arguments provenant de diverses incapacités*

Ces arguments prennent la forme suivante : « Je vous concède que vous pouvez fabriquer des machines qui fassent tout ce que vous avez mentionné, mais vous ne serez jamais capable d'en fabriquer une qui fasse X. » On énumère à ce moment-là différents traits X. J'en présente une sélection :

Qu'elle soit gentille, débrouillarde, belle, amicale (p. 156-157), qu'elle ait de l'initiative, le sens de l'humour, qu'elle fasse la différence entre le bien et le mal, qu'elle fasse des erreurs (p. 157-158), qu'elle tombe amoureuse, qu'elle aime les fraises à la crème (p. 157), qu'elle rende quelqu'un amoureux d'elle, qu'elle apprenne à partir de son expérience (p. 166 *sq.*), qu'elle utilise les mots correctement, qu'elle soit l'objet de ses propres pensées (p. 159). (Certaines de ces incapacités sont examinées plus en détail, comme l'indiquent les numéros de pages.)

Aucune preuve n'est habituellement fournie pour soutenir ces affirmations. Je crois qu'elles sont surtout fondées sur le principe de l'induction scientifique. Un homme a vu des milliers de machines dans sa vie. De ce qu'il en voit, il tire un certain nombre de conclusions générales : elles sont laides ; chacune est conçue dans un but bien précis ; quand on leur demande un travail légèrement différent, elles sont incapables de le réaliser ; la variété de comportements de n'importe laquelle d'entre elles est très restreinte, etc. Il en conclut naturellement que ce sont des propriétés nécessaires des machines en général. Beaucoup de ces limites sont associées à la très faible capacité de mémoire de la plupart des machines. (Je suppose que l'idée de capacité de mémoire est étendue de manière à recouvrir des machines qui ne sont pas des machines à états discrets. La définition exacte n'a pas d'importance, puisque dans la présente discussion on ne revendique aucune exactitude

Les ordinateurs et l'intelligence

mathématique.) Il y a quelques années, alors qu'on avait peu entendu parler des ordinateurs, il était possible de faire disparaître une grande partie de l'incrédulité à leur égard en mentionnant leurs propriétés sans décrire leur réalisation. Cela était probablement dû à une application similaire du principe de l'induction scientifique. Les applications de ce principe sont bien sûr en grande partie inconscientes. Quand un enfant qui s'est brûlé craint le feu et montre qu'il le craint en l'évitant, je peux dire qu'il applique l'induction scientifique. (Je pourrais, bien sûr, aussi décrire son comportement de bien d'autres manières.) Les travaux et les coutumes de l'humanité ne semblent pas être un matériau très adapté à l'application de l'induction scientifique. On doit étudier une grande partie d'espace-temps si l'on veut obtenir des résultats fiables. Autrement, nous conclurions (comme le font la plupart des enfants français) que tout le monde parle français et qu'il est idiot d'apprendre l'anglais.

Il y a, cependant, des remarques particulières à faire concernant beaucoup des incapacités mentionnées. Le lecteur a pu être frappé par la futilité de l'incapacité à aimer les fraises à la crème. Il est possible qu'on puisse faire aimer ce plat délicieux à une machine, mais toute tentative pour le faire serait idiote. Ce qui importe, en ce qui concerne cette incapacité, est qu'elle contribue à d'autres incapacités : par exemple, on imagine mal comment un homme et une machine pourraient entretenir des liens d'amitié, comme ceux qui rapprochent des hommes blancs ou noirs.

Le fait d'affirmer que « la machine ne peut pas faire d'erreurs » semble curieux. On est tenté de répondre : « Est-elle pire pour cela ? » Mais adoptons une attitude plus sympathique et essayons de voir ce que cela veut dire. Je pense que cette critique peut être expliquée dans les termes du jeu de l'imitation. On affirme que l'interrogateur pourrait distinguer la machine de l'homme, simplement en lui posant un certain nombre de problèmes d'arithmétique. La machine serait démasquée à cause de son exactitude implacable. La réplique est simple. La machine (programmée pour jouer le jeu) n'essaierait pas de donner les réponses *justes* aux problèmes d'arithmétique. Elle introduirait délibérément des erreurs d'une manière calculée pour dérouter l'interrogateur. Une erreur mécanique se révélerait probablement à cause d'une décision inopportune à propos du type d'erreur à commettre en arithmétique. Même cette interprétation de la critique n'est pas suffisamment sympathique. Mais la place nous manque pour y entrer plus avant. Il me semble que cette critique vient de la confusion entre deux types d'erreurs : nous pouvons les appeler « erreurs de fonctionnement » et « erreurs de conclusion ». Les erreurs de fonctionnement sont dues à quelque faute mécanique ou électrique qui fait que la machine ne se comporte pas comme elle le devrait. Dans les discussions philosophiques, on préfère ignorer la possibilité de telles erreurs ; on discute donc de « machines abstraites ». Ces machines abstraites sont des fictions mathématiques plutôt que des objets physiques. Elles sont par définition incapables d'erreurs de fonctionnement. En ce sens, nous pouvons effectivement dire que « les machines ne peuvent jamais faire d'erreurs ». Les erreurs de conclusion apparaissent seulement quand une signification est attribuée aux signaux de sortie de la machine. La machine peut, par exemple, imprimer des équations mathématiques, ou des phrases en anglais. Quand une proposition fausse se trouve imprimée, nous disons que la machine a commis une erreur de conclusion. Il n'y a évidemment absolument aucune raison de dire qu'une machine ne peut pas faire ce genre d'erreur. Elle pourrait ne rien faire d'autre qu'imprimer sans cesse « $0 = 1$ ». Pour prendre un exemple moins pervers, elle pourrait disposer d'une méthode pour tirer des conclusions par induction scientifique. Nous pouvons nous attendre à ce qu'une telle méthode conduise occasionnellement à des résultats erronés.

Les ordinateurs et l'intelligence

Bien entendu, on peut répondre à l'affirmation qu'une machine ne saurait être l'objet de ses propres pensées que si l'on parvient à montrer que la machine *a* des pensées, et qu'elles *ont* des objets. Néanmoins, l'« objet des opérations d'une machine » semble bien avoir une signification, du moins pour les gens qui travaillent avec elle. Si, par exemple, la machine essayait de trouver une solution à l'équation $x^2 - 40x - 11 = 0$, on serait tenté de décrire l'équation comme une partie de l'objet de la machine à ce moment-là. Dans ce sens, une machine peut sans aucun doute être son propre objet. Elle peut être utilisée pour aider à la confection de ses propres programmes ou pour prévoir les effets de modifications de sa propre structure. En observant les résultats de son propre comportement, elle peut modifier ses propres programmes pour atteindre un but de manière plus efficace. Il s'agit là de possibilités du futur proche, plutôt que de rêves utopiques.

Souligner le fait qu'une machine ne peut pas avoir une grande diversité de comportements, c'est dire simplement qu'elle ne peut pas avoir une grande capacité de mémoire. Jusqu'à une période assez récente, une capacité de mémoire même de mille chiffres était très rare.

Les critiques que nous considérons ici sont souvent des formes déguisées de l'argument issu de la conscience. Habituellement, si l'on soutient qu'une machine *peut* vraiment faire l'une de ces choses, et si l'on décrit le type de méthode que la machine est susceptible d'utiliser, on ne fera pas une forte impression. La méthode (quelle qu'elle soit, car elle est forcément mécanique) est en effet estimée plutôt vile. A preuve, la remarque entre parenthèses dans la précédente citation de Jefferson.

La machine de Turing

6. L'objection de lady Lovelace

Les renseignements les plus détaillés que nous possédions sur la machine analytique de Babbage proviennent du mémoire de lady Lovelace. Elle y déclare : « La machine analytique n'a pas la prétention de *donner naissance* à quoi que ce soit. Elle peut effectuer *tout ce que nous savons lui ordonner* de faire » (les italiques sont de lady Lovelace). Cet extrait est cité par Hartree, qui ajoute : « Ceci n'implique pas qu'il ne soit pas possible de construire des machines électroniques qui "penseront par elles-mêmes" ou dans lesquelles, en termes biologiques, on pourrait inclure un réflexe conditionné qui servirait de base à un "apprentissage". Que cela soit en principe possible ou non est une question passionnante et stimulante, suggérée par certains développements récents. Mais il ne semble pas que les machines réalisées ou qui étaient à l'état de projet à cette époque aient eu cette propriété. »

Je suis entièrement d'accord avec Hartree à ce sujet. On remarquera qu'il n'affirme pas que les machines en question n'avaient pas cette propriété, mais plutôt que les preuves dont lady Lovelace disposait ne l'encourageaient pas à croire qu'elles avaient cette propriété. Il est fort possible que, en un sens, les machines en question l'aient eue. Car supposons qu'une quelconque machine à états discrets ait cette propriété. La machine analytique était un calculateur numérique universel, et, en conséquence, si sa capacité mémoire et sa vitesse étaient adéquates, on pourrait avec un programme adapté lui faire imiter la machine en question. Il est probable que cet argument ne vint pas à l'esprit de la comtesse, ni à celui de Babbage. De toute façon, ils n'étaient pas dans l'obligation d'avancer tout ce qu'il y avait à avancer.

On reconsidérera entièrement la question en examinant, plus loin, les machines à faculté d'apprentissage.

Une variante de l'objection de lady Lovelace affirme qu'une

Les ordinateurs et l'intelligence

machine ne peut « jamais rien faire de vraiment nouveau ». On peut y répondre pour l'instant avec le dicton : « Il n'y a rien de nouveau sous le soleil. » Qui peut être certain que le « travail original » qu'il a effectué n'était pas simplement la croissance de la semence plantée en lui par l'enseignement, ou la conséquence de principes généraux bien connus ? Une meilleure variante de l'objection affirme que la machine ne peut « jamais nous prendre par surprise ». Cette affirmation est un défi plus direct, et on peut y faire face plus franchement. Les machines me prennent très fréquemment par surprise. La raison principale en est que je ne fais pas de calculs suffisants pour décider de ce à quoi je peux m'attendre de leur part ou plutôt que, bien que je fasse des calculs, je les fais de manière rapide et bâclée, en prenant des risques. Je me dis peut-être : « Je suppose que le voltage ici devrait être le même que là : de toute façon, supposons qu'il en soit ainsi. » Naturellement, je me trompe souvent, et le résultat est surprenant, car au moment de l'expérience ces suppositions ont été oubliées. Ces suppositions justifient les remontrances qu'on pourrait me faire sur mes pratiques douteuses, mais ne jettent pas l'ombre d'un doute sur ma crédibilité quand je parle des surprises que je ressens.

Je ne m'attends pas à ce que cette réponse fasse taire les critiques. On m'objectera probablement que de telles surprises sont dues à quelque acte de création mentale de ma part, et ne sont pas à porter au crédit de la machine. Cela nous ramène à l'argument issu de la conscience et nous éloigne de l'idée de surprise. C'est une suite d'arguments que nous devons considérer comme close, mais il faut peut-être remarquer que le fait de trouver quelque chose surprenant requiert de toute façon un « acte de création mentale », que la surprise trouve son origine chez un homme, un livre, une machine ou quoi que ce soit d'autre.

Cette opinion selon laquelle les machines ne peuvent pas nous surprendre est due, à mon avis, à un sophisme dont les philosophes et les mathématiciens sont tout particulièrement coutumiers. L'idée est que, dès qu'un fait se présente à l'esprit, toutes les conséquences de ce fait jaillissent simultanément avec lui dans l'esprit. C'est une hypothèse très utile dans de nombreuses circonstances, mais on oublie trop facilement qu'elle est fausse. Une conséquence naturelle est qu'on suppose qu'il n'y a aucun mérite à découvrir simplement les conséquences d'une information ou de principes généraux.

7. L'argument de la continuité dans le système nerveux

Le système nerveux n'est certainement pas une machine à états discrets. Une petite erreur dans l'information sur la taille d'une impulsion nerveuse affectant un neurone peut nous conduire à nous tromper grossièrement sur la taille de l'impulsion de sortie. On peut dire que, puisqu'il en est ainsi, il ne faut pas s'attendre à pouvoir imiter le comportement du système nerveux avec un système à états discrets.

Il est vrai qu'une machine à états discrets est forcément différente d'une machine continue. Mais, si nous acceptons les conditions du jeu de l'imitation, l'interrogateur ne pourra pas tirer avantage de cette différence. On peut rendre la situation plus claire en considérant une machine continue plus simple. Un analyseur différentiel conviendra très bien (un analyseur différentiel est un type de machine qui n'est pas à états discrets, et qu'on utilise pour certains types de calculs). Certains d'entre eux impriment leurs réponses et peuvent ainsi facilement prendre part au jeu. Il ne serait pas possible à un ordinateur digital de prédire exactement quelles réponses l'analyseur différentiel donnerait à un problème, mais il serait tout à fait capable de donner le genre de réponse adéquat. Par exemple, si on lui demandait de donner la valeur de π (en réalité, à peu près 3,1416), il serait raisonnable de choisir au hasard entre les valeurs : 3,12, 3,13, 3,14, 3,15, 3,16, avec des

Les ordinateurs et l'intelligence

probabilités disons de 0,05, 0,15, 0,55, 0,19, 0,06. Dans ces circonstances, il serait très difficile pour l'interrogateur de distinguer l'analyseur différentiel de l'ordinateur digital.

8. *L'argument du comportement informalisable*

Il n'est pas possible de produire un ensemble de règles qui ait la prétention de décrire ce qu'un homme devrait faire dans tout ensemble concevable de circonstances. On devrait, par exemple, établir une règle définissant qu'on doit s'arrêter quand on voit un feu rouge, et passer quand on voit un feu vert. Mais qu'arrive-t-il si par suite d'une erreur les deux apparaissent en même temps ? On peut peut-être décider qu'il est plus sûr de s'arrêter. Mais quelque autre difficulté peut bien se faire jour plus tard à cause de cette décision. Il paraît impossible d'élaborer des règles de conduite pour parer à toutes les éventualités, même à celles concernant les feux tricolores. Je partage entièrement ce point de vue.

A partir de là, on en déduit que nous ne pouvons pas être des machines. J'essaierai de reproduire l'argument, mais j'ai peur de ne pas être très juste à son égard. Il semble qu'il corresponde à peu près au syllogisme suivant : « Si chaque homme disposait d'un ensemble défini de règles de conduite d'après lesquelles il organiserait sa vie, il ne serait pas supérieur à la machine ; mais de telles règles n'existent pas ; ainsi, les hommes ne peuvent pas être des machines. » La non-distribution du moyen terme est manifeste. Je ne pense pas que l'argument soit jamais énoncé exactement dans ces termes, mais je crois néanmoins que c'est bien l'argument utilisé. Il se peut cependant qu'il y ait une certaine confusion entre les « règles de conduite » et les « lois du comportement » qui finisse d'obscurcir le problème. Par « règles de conduite » j'entends des préceptes tels que : « Arrêtez-vous quand vous voyez un feu rouge », sur lesquels on peut agir et dont on peut être

163

conscient. Par « lois de comportement » j'entends des lois naturelles comme celles qui s'appliquent au corps humain, par exemple : « Si vous le pincez, il criera. » Si nous substituons « les lois du comportement qui règlent sa vie » à « les lois de conduite d'après lesquelles il règle sa vie » dans l'argument cité, la non-distribution du moyen terme n'est plus un obstacle insurmontable. Car nous croyons non seulement que le fait d'être soumis à des lois de conduite implique que l'on soit une machine (bien que non nécessairement une machine à états discrets), mais que, réciproquement, le fait d'être une telle machine implique que l'on soit soumis à de telles lois. Cependant, nous ne pouvons pas nous convaincre de l'absence d'un ensemble complet de lois du comportement aussi facilement que nous l'avons fait pour l'ensemble complet des règles de conduite. La seule manière dont nous puissions découvrir de telles lois est l'observation scientifique, et nous ne connaissons aucune circonstance nous permettant de dire : « Nous avons assez cherché, de telles lois n'existent pas. »

Nous pouvons démontrer de manière plus convaincante qu'aucune affirmation de ce type ne serait justifiée. Supposons que nous puissions être sûrs de découvrir de telles lois si elles existaient. Alors, à partir d'une machine à états discrets donnée, il devrait certainement être possible de découvrir, par l'observation, assez d'éléments à son sujet pour prédire son comportement futur, et cela dans une période de temps raisonnable, disons mille ans. Mais il ne semble pas que ce soit le cas. J'ai introduit dans l'ordinateur de Manchester un petit programme utilisant seulement mille unités de stockage, par lequel la machine, lorsqu'on lui fournit un nombre de seize chiffres, répond par un autre nombre en deux secondes. Je défie quiconque d'en apprendre assez au sujet du programme à partir de ces réponses pour être capable de prédire la réponse pour des valeurs non encore utilisées.

9. L'argument de la perception extrasensorielle

Je pars du principe que le lecteur est familiarisé avec l'idée de la perception extrasensorielle et les quatre éléments qui en font partie, c'est-à-dire : la télépathie, la clairvoyance, la préconnaissance et la psychokinésie. Ces phénomènes troublants semblent remettre en cause toutes nos idées scientifiques habituelles. Comme nous aimerions les discréditer ! Malheureusement, l'évidence statistique, au moins pour la télépathie, est accablante. Il est très difficile de réorganiser ses idées pour y intégrer ces nouveaux faits. Une fois que nous les avons acceptés, ce n'est pas progresser beaucoup que de croire aux fantômes et aux spectres. L'idée que notre corps se déplace simplement suivant les lois connues de la physique, et suivant quelques autres qui n'ont pas encore été découvertes mais qui leur sont relativement similaires, serait la première à disparaître.

Cet argument est, à mon avis, très fort. On peut répondre que beaucoup de théories scientifiques semblent continuer à fonctionner dans la pratique malgré les conflits avec la perception extrasensorielle ; que l'on peut, en fait, très bien se débrouiller si on l'oublie. C'est d'un réconfort relatif, et l'on craint que la pensée ne soit justement le type de phénomène pour lequel la perception extrasensorielle est particulièrement adéquate.

Un argument plus spécifique, fondé sur la perception extrasensorielle, pourrait être rédigé en ces termes : « Jouons au jeu de l'imitation, en utilisant comme témoins un homme qui est un bon récepteur télépathique et un ordinateur digital. L'interrogateur peut poser des questions comme : "Quelle est la couleur de la carte que j'ai dans la main droite ?" L'homme, par télépathie ou clairvoyance, donne 130 fois la bonne réponse sur 400 cartes. La machine peut seulement deviner au hasard et peut-être obtenir 104 bonnes réponses. L'interrogateur peut ainsi l'identifier. »

Une possibilité intéressante apparaît ici. Supposons que

l'ordinateur renferme un générateur de nombres au hasard. Il est alors naturel de l'utiliser pour décider de la réponse à donner. Mais alors, le générateur de nombres au hasard sera sujet aux pouvoirs psychokinésiques de l'interrogateur. Cette psychokinésie fera peut-être que la machine devinera juste plus souvent que l'on ne s'y attend d'après le calcul des probabilités, et ainsi l'interrogateur ne pourra toujours pas l'identifier correctement. D'un autre côté, il se pourrait qu'il soit capable de deviner juste sans poser de questions, par clairvoyance. Avec la perception extrasensorielle, tout peut arriver.

Si la télépathie est admise, il sera nécessaire de renforcer notre test. La situation pourrait être considérée comme analogue à celle qui se produirait si l'interrogateur se parlait à lui-même et si l'un des participants écoutait avec l'oreille collée au mur. Le fait de placer les participants dans une « pièce à l'épreuve de la télépathie » satisferait toutes les exigences.

7. Les machines qui apprennent

Le lecteur aura compris que je n'ai pas d'argument positif très convaincant pour soutenir mon point de vue. Si j'en avais, je n'aurais pas pris tant de peine à montrer les erreurs des points de vue opposés au mien. Les preuves que j'ai, je vais maintenant les donner.

Revenons un moment sur l'objection de lady Lovelace, qui disait que la machine ne peut faire que ce qu'on lui dit de faire. On pourrait dire qu'un homme peut « injecter » une idée dans la machine, laquelle réagira jusqu'à un certain point, puis retournera à l'immobilité, comme une corde de piano frappée par un marteau. Un autre point de comparaison serait une pile atomique d'une masse inférieure à la masse critique : une idée injectée correspondra à un neutron entrant dans la pile, en pro-

Les ordinateurs et l'intelligence

venance de l'extérieur. Tout neutron de ce type produira une certaine perturbation qui finira par cesser. Toutefois, si la masse de la pile est suffisamment accrue, la perturbation créée par l'entrée d'un tel neutron continuera probablement à s'accroître jusqu'à ce que toute la pile soit détruite. Existe-t-il un phénomène correspondant pour les esprits et en existe-t-il un pour les machines ? Il semble qu'il y en ait un pour l'esprit humain. La majorité des esprits humains paraissent « sous-critiques », c'est-à-dire semblent correspondre dans cette analogie aux piles à masse sous-critique. Une idée proposée à un tel esprit donnera lieu, en moyenne, à l'apparition de moins d'une idée en réponse. Une faible proportion est surcritique. Une idée proposée à un tel esprit pourra donner lieu à l'apparition de toute une « théorie » constituée d'idées secondaires, tertiaires ou encore plus éloignées. Les esprits des animaux semblent être absolument sous-critiques. En poursuivant cette analogie, nous nous demandons : « Peut-on rendre une machine surcritique ? »

L'analogie de la « peau de l'oignon » est aussi utile. En considérant les fonctions de l'esprit ou du cerveau, nous découvrons certaines opérations qui peuvent s'expliquer en termes purement mécaniques. Nous disons que cela ne correspond pas à l'esprit réel : c'est une espèce de peau que nous devons enlever si nous voulons trouver l'esprit réel. Mais, dans ce qui reste, nous rencontrons une autre peau à enlever, et ainsi de suite. En continuant de cette manière, arrivons-nous jamais à l'esprit « réel », ou arrivons-nous finalement à la peau qui ne contient rien ? Dans ce dernier cas, l'esprit serait entièrement mécanique (ce ne serait cependant pas une machine à états discrets, nous en avons discuté).

Ces deux derniers paragraphes ne prétendent pas être des arguments convaincants. On les décrirait mieux en disant que ce sont des « déclamations tendant à produire une croyance ».

Le seul élément vraiment satisfaisant qui puisse soutenir le point de vue exprimé au début de la section 6 nous sera fourni

La machine de Turing

par la réalisation, à la fin du siècle, de l'expérience décrite. Mais que pouvons-nous dire en attendant ? Quelle démarche devrions-nous entreprendre maintenant si l'expérience devait être couronnée de succès ?

Comme je l'ai expliqué, le problème est surtout un problème de programmation. Des progrès techniques devront aussi être réalisés, mais il semble improbable qu'ils ne puissent pas répondre aux exigences. Les estimations de la capacité de stockage du cerveau varient de 10^{10} à 10^{15} chiffres binaires. Je penche pour les valeurs les plus basses, et je crois que seule une très petite partie en est utilisée pour les types les plus élevés de pensée. La plus grande partie sert probablement à la conservation des impressions visuelles. Je serais surpris que plus de 10^9 soit nécessaire pour jouer de manière satisfaisante au jeu de l'imitation, du moins contre un aveugle (note : la capacité de l'*Encyclopaedia Britannica*, onzième édition, est de 2×10^9). Une capacité de stockage de 10^7 serait une possibilité très réalisable, même avec les techniques actuelles. Il n'est probablement pas nécessaire du tout d'accroître la vitesse opérationnelle des machines. Les pièces des machines modernes qui peuvent être considérées comme analogues aux cellules nerveuses fonctionnent à peu près mille fois plus vite que ces dernières. Cela devrait fournir une « marge de sécurité » couvrant les pertes de vitesse de multiples provenances. Le problème est alors de trouver comment programmer ces machines pour qu'elles jouent à notre jeu. Selon ma cadence actuelle de travail, je produis à peu près mille unités de programme par jour. En conséquence, une soixantaine de personnes travaillant assidûment pendant cinquante ans pourraient accomplir le travail, s'il n'y avait pas de perte. Une méthode plus expéditive serait la bienvenue.

En essayant d'imiter l'esprit humain adulte, il va nous falloir beaucoup réfléchir au processus qui l'a amené à l'état où il se trouve. Nous pouvons en signaler trois composantes :

a) l'état initial de l'esprit, disons à la naissance ;

Les ordinateurs et l'intelligence

b) l'éducation à laquelle il a été soumis ;

c) d'autres expériences, que l'on ne peut pas décrire comme éducatives, auxquelles il a été soumis.

Au lieu de produire un programme qui simule l'esprit de l'adulte, pourquoi ne pas essayer plutôt d'en produire un qui simule celui de l'enfant ? S'il était alors soumis à une éducation appropriée, on aboutirait au cerveau humain. Il est probable que le cerveau d'un enfant est une sorte de carnet acheté en papeterie : assez peu de mécanisme et beaucoup de feuilles blanches (mécanisme et écriture sont, de notre point de vue, presque synonymes). Notre espoir est qu'il y ait si peu de mécanisme dans le cerveau d'un enfant qu'il soit très facile de le programmer. Dans une première approximation, nous pouvons penser que la quantité de travail nécessaire à cette éducation serait à peu près la même que pour un enfant humain. Nous avons en conséquence divisé le problème en deux parties : le programme-enfant et le processus de l'éducation. Ces deux éléments restent très intimement liés. Nous ne pouvons pas nous attendre à découvrir dès la première tentative une bonne machine-enfant. Il faut tenter l'expérience de l'enseignement sur une telle machine et examiner comment elle apprend. On peut ensuite en essayer une autre et voir si c'est mieux ou moins bien. Il y a un lien évident entre ce processus et l'évolution, à travers les identités suivantes :

structure de la machine-enfant = matériel héréditaire ;
changement dans la machine-enfant = mutations ;
sélection naturelle = jugement de l'expérimentateur.

On peut cependant espérer que ce procédé sera plus expéditif que l'évolution. La survie du plus adapté est une méthode lente de mesure des avantages. L'expérimentateur, par l'exercice de son intelligence, devrait pouvoir l'accélérer. Le fait qu'il n'en soit pas réduit à des mutations aléatoires est également important. S'il sait trouver la cause d'une faiblesse, il est probablement en mesure d'imaginer le type de mutation qui l'améliorera.

La machine de Turing

Il ne sera pas possible d'appliquer exactement les mêmes procédés d'enseignement à la machine et à un enfant normal. Elle n'aura par exemple pas de jambes, et on ne pourra pas lui demander d'aller remplir le seau à charbon. Il est possible qu'elle n'ait pas d'yeux. Mais, même si ces manques étaient palliés au mieux par des techniques intelligentes, on ne pourrait l'envoyer à l'école sans que les autres élèves ne s'en moquent de manière excessive. Elle doit pourtant recevoir un certain enseignement. Il ne faut donc pas trop s'inquiéter à propos des jambes, des yeux, etc. L'exemple de Mlle Helen Keller montre que l'éducation est possible dès lors que la communication se produit dans les deux sens entre le maître et l'élève, quel que soit le moyen employé.

Nous associons normalement punitions et récompenses au processus de l'enseignement. On peut construire, ou programmer, des machines-enfants simples suivant ce genre de principe. Il faut construire la machine de manière que les événements qui précèdent immédiatement l'apparition d'un signal-punition aient peu de chances de se reproduire, alors qu'un signal-récompense doit accroître la probabilité de répétition de l'événement qui l'a provoqué. Ces définitions ne présupposent pas l'existence de sentiments de la part de la machine. J'ai fait quelques expériences avec une telle machine-enfant, et j'ai réussi à lui enseigner quelques petites choses, mais la méthode d'enseignement était trop peu orthodoxe pour que l'on considère que l'expérience a vraiment réussi.

L'utilisation de punitions et de récompenses peut, au mieux, faire partie du processus d'enseignement. En gros, si le maître n'a pas d'autre moyen de communiquer avec l'élève, la quantité d'informations qui peut lui parvenir ne dépasse pas le nombre total des récompenses et punitions utilisées. D'ici à ce qu'un enfant ait appris à répéter « Casabianca », il éprouverait sans doute quelques désagréments s'il ne pouvait découvrir le texte que par la méthode des « vingt questions », où chaque

« non » impliquerait qu'il reçoive un coup. Il est donc nécessaire d'avoir d'autres canaux de communication « non émotionnels ». Si ces derniers sont disponibles, il est possible d'enseigner à la machine, par un système de sanctions et de récompenses, à obéir aux ordres donnés dans un certain langage, par exemple un langage symbolique. Ces ordres doivent être transmis par des canaux « non émotionnels ». L'utilisation de ce langage diminuera de beaucoup le nombre de punitions et de récompenses requises.

Les opinions peuvent varier quant à la complexité la plus appropriée pour la machine-enfant. On pourrait essayer de la faire aussi simple que possible, conformément aux principes généraux. Ou bien on pourrait lui « intégrer[b] » un système complet d'inférences logiques. Dans ce dernier cas, la mémoire serait largement occupée par des définitions et des propositions. Les propositions pourraient avoir différents types de statuts, par exemple : des faits bien établis, des hypothèses, des théorèmes dont la preuve est mathématique, des affirmations provenant d'une autorité, des expressions ayant la forme logique d'une proposition mais sans valeur de croyance. La machine devrait être conçue de manière que, dès qu'un impératif est classé comme étant « bien établi », l'action appropriée ait automatiquement lieu. Pour illustrer cela, supposez que le maître dise à la machine : « Fais tes devoirs maintenant. » Cela peut avoir pour conséquence le classement parmi les faits bien établis de l'expression : « Le maître dit : "Fais tes devoirs maintenant." » Un autre fait identique pourrait être : « Tout ce que le maître dit est vrai. » En combinant les deux, on peut finalement arriver à ce que l'impératif « Fais tes devoirs maintenant » soit classé parmi les faits bien établis, et cela, d'après la conception de la machine, signifiera qu'elle commence réellement à faire ses devoirs, mais l'effet n'est

---

[b]. Ou plutôt « programmer », car notre machine-enfant sera programmée sur un ordinateur. Mais le système logique ne devra pas être appris.

La machine de Turing

pas très satisfaisant. Le processus d'inférence que la machine utilise n'a pas besoin d'être de nature à satisfaire les logiciens les plus exigeants. Il se pourrait par exemple qu'il n'y ait pas de hiérarchie de types. Mais cela ne signifie pas obligatoirement que des erreurs de types vont se produire, pas plus que nous ne sommes voués à tomber du haut de falaises non protégées. Des impératifs adéquats (ne faisant pas partie des règles *du* système, mais exprimés à l'*intérieur* du système) tels que : « N'utilisez pas une classe, à moins qu'elle ne soit une sous-classe de l'une de celles que le maître a mentionnées », peuvent avoir un effet similaire à : « Ne t'approche pas trop près du bord. »

Les impératifs auxquels une machine dépourvue de membres peut obéir sont forcément à caractère plutôt intellectuel, comme dans l'exemple donné ci-dessus (faire ses devoirs). Parmi ces impératifs, les plus importants seront ceux qui régleront l'ordre dans lequel les règles du système logique concerné devront être appliquées. Car, à chaque pas, lorsque l'on utilise un système logique, il y a un très grand nombre de progressions alternatives, chacune d'entre elles pouvant être utilisée, du moins en ce qui concerne l'obéissance aux règles du système logique. Ces choix font la différence entre un brillant ou un piètre raisonneur, mais non pas entre quelqu'un qui raisonne juste et quelqu'un qui raisonne faux. Des propositions conduisant à des impératifs de ce genre pourraient être : « Quand Socrate est mentionné, utilisez le syllogisme en Barbara », ou : « Si une méthode s'est avérée être plus rapide qu'une autre, n'utilisez pas la méthode la plus lente. » Certaines de ces propositions peuvent être « fournies par l'autorité », mais d'autres peuvent être produites par la machine elle-même, par exemple, par induction scientifique.

L'idée d'une machine qui apprend peut paraître paradoxale à certains lecteurs. Comment les règles d'opération de la machine peuvent-elles changer ? Elles devraient décrire complètement la manière dont la machine réagira, quels que soient

Les ordinateurs et l'intelligence

les changements qu'elle puisse subir. Les règles ne varient donc pas du tout dans le temps. C'est tout à fait vrai. L'explication du paradoxe est que les règles qui seront changées dans le processus d'apprentissage sont d'un type tout à fait modeste et ne revendiquent qu'une validité éphémère. Le lecteur peut mettre en parallèle la Constitution des États-Unis.

Une caractéristique importante de la machine qui apprend est que son maître ne saura souvent que très peu de choses sur ce qui se passe à l'intérieur, bien qu'il puisse dans une certaine mesure prévoir la conduite de son élève. Cela devrait plus particulièrement s'appliquer à l'éducation avancée de la machine qui proviendra de la machine-enfant résultant d'une conception (ou d'un programme) bien étudiée. Cela s'oppose clairement à la procédure normale d'utilisation d'une machine opérant des calculs : dans ce cas, l'objet est d'avoir une représentation mentale claire de la machine à tout moment du calcul. Cet objectif n'est atteint qu'à l'issue d'une lutte. L'opinion d'après laquelle « la machine peut faire seulement ce que nous savons lui ordonner de faire[c] » semble ici étrange. La plupart des programmes que nous pourrons introduire dans la machine auront pour résultat qu'elle fera quelque chose que nous ne pourrons pas du tout comprendre ou que nous considérerons comme un comportement totalement arbitraire. Le comportement intelligent consiste probablement à s'éloigner du comportement totalement discipliné que l'on utilise pour le calcul, mais pas trop, de façon que cela n'engendre pas un comportement arbitraire ou des boucles répétitives absurdes. Le fait de préparer notre machine à tenir son rôle dans le jeu de l'imitation par un processus d'enseignement et d'apprentissage aura un autre résultat important : la « faillibilité humaine » sera probablement négligée d'une manière assez naturelle, c'est-à-dire sans « entraînement » spécial. (Le

---

[c]. Comparez avec l'affirmation de lady Lovelace (p. 160 *sq.*), qui ne contient pas le mot « seulement ».

La machine de Turing

lecteur devrait rapprocher cela du point de vue des pages 156 et 157.) Les processus qui sont appris ne produisent pas une certitude de résultats à 100 % ; si tel était le cas, ils ne pourraient pas être désappris.

Il est probablement sage d'inclure un élément de hasard dans une machine qui apprend (voir p. 143). Un élément de hasard est assez utile quand nous recherchons la solution de certains problèmes. Supposons, par exemple, que nous voulions trouver un nombre entre 50 et 200 qui soit égal au carré de la somme de ses chiffres. Nous pourrions commencer à 51 puis essayer 52 et continuer jusqu'à ce que nous trouvions un nombre qui convienne. Une autre solution serait de choisir des nombres au hasard jusqu'à ce que nous trouvions le bon. Cette méthode a pour avantage qu'il n'est pas nécessaire de garder une trace des valeurs qui ont été essayées ; son inconvénient est que l'on peut essayer deux fois la même, ce qui n'est pas très important s'il existe plusieurs solutions. L'inconvénient de la méthode systématique est qu'il peut y avoir un énorme bloc sans aucune solution à l'endroit où l'on opère d'abord. Le processus d'apprentissage peut être considéré comme la recherche d'une forme de comportement qui satisfera le maître (ou quelque autre critère). Puisqu'il y a probablement un grand nombre de solutions satisfaisantes, la méthode du hasard semble être meilleure que la méthode systématique. Il faut remarquer qu'elle est utilisée dans le processus analogue de l'évolution. Mais, là, la méthode systématique n'est pas possible. Comment pourrait-on garder une trace des différentes combinaisons génétiques qui ont été essayées, pour éviter de les essayer de nouveau ?

Nous pouvons espérer que les machines concurrenceront finalement l'homme dans tous les champs purement intellectuels. Mais par lesquels vaut-il mieux commencer ? Même cette décision est difficile à prendre. Beaucoup de gens pensent qu'une activité très abstraite comme le jeu d'échecs serait la meilleure. On peut aussi soutenir qu'il vaut mieux équiper

Les ordinateurs et l'intelligence

la machine avec les meilleurs organes sensoriels que l'on puisse acheter, puis lui apprendre à comprendre et à parler français. Ce processus pourrait se conformer à l'enseignement normal d'un enfant. On lui montrerait et nommerait des objets, etc. Encore une fois, je ne sais pas quelle est la bonne réponse, mais je pense qu'il faudrait essayer les deux voies.

Notre vision de l'avenir est limitée, mais du moins nous voyons qu'il nous reste bien des choses à faire.

Table

Avant-propos *(par Jean-Yves Girard)* 9

**1. La machine de Turing :
de la calculabilité à la complexité**
(par Jean-Yves Girard)...................... 11
   1. Sous le signe de Gödel 13
   2. Une machine de papier... 26
   3. ... mais machine tout de même 37

**2. Théorie des nombres calculables,
suivie d'une application au problème de la décision**
(par Alan Turing) 47
   1. La machine à calculer 51
   2. Définitions............................... 52
   3. Exemples de machines à calculer 54
   4. Tables abrégées 57
   5. Énumération des séquences calculables 63
   6. La machine à calculer universelle 66
   7. Description détaillée de la machine universelle...... 68
   8. Application du procédé diagonal 72
   9. Pertinence de la notion de calculabilité........... 76
   10. Exemples de grandes catégories
de nombres calculables........................ 84
   11. Application au problème de la décision 91
   Appendice................................. 97
   Note du traducteur.......................... 102

3. Intelligence artificielle et logique naturelle
(par Jean-Yves Girard) 105
   1. L'inadéquation de la logique classique 108
   2. La logique comme science de l'implicite 110
   3. Les machines peuvent-elles penser ? 113
   4. Les défis de l'IA 115
   5. La paralogique 122
   6. Quelques lueurs d'espoir 126

4. Les ordinateurs et l'intelligence
(par Alan Turing) 133
   1. Le jeu de l'imitation 135
   2. Critique du nouveau problème 136
   3. Les machines pouvant prendre part à ce jeu 138
   4. Les ordinateurs 140
   5. Universalité des ordinateurs 144
   6. Vues contradictoires sur la question principale 148
   7. Les machines qui apprennent 166